LUC LONGTIN

LA MAISON
OÙ JE SUIS MORT AUTREFOIS

DU MÊME AUTEUR

La Maison où je suis mort autrefois, Actes Sud, 2010.
Le Dévouement du suspect X, Actes Sud, 2011.

Titre original :
Mukashi bokuga shinda ie
Editeur original :
Première édition : Futabasha Publishers Ltd., Tokyo, 1994
Edition de poche : Kodansha Ltd., Tokyo, 1997
© Keigo Higashino, 1997
représenté par le Japan Foreign-Rights Centre

© 1997 Keigo Higashino. All rights reserved.
First published in Japan in 1994
by Futabasha Publishers Ltd., Tokyo
Pocket book edition published in Japan in 1997
by Kodansha Ltd., Tokyo
Publication rights for this French edition arranged by Kodansha
Ltd. through Japan Foreign-Rights Centre

© ACTES SUD, 2010
pour la traduction française
ISBN 978-2-330-00132-2

KEIGO HIGASHINO

LA MAISON OÙ JE SUIS MORT AUTREFOIS

roman traduit du japonais
par Yutaka Makino

BABEL NOIR

PROLOGUE

Celui qui était autrefois mon père m'a annoncé il y a environ un mois que la vieille maison dans laquelle j'ai vécu enfant allait être détruite. Bien sûr, il a dû prendre sa décision en concertation avec la femme qui a été ma mère. Cela fait déjà plusieurs années qu'ils ont quitté cette vieille maison pour aller vivre paisiblement dans un appartement au bord de la mer. On peut dire qu'ils y passent leurs vieux jours.

Sa lettre mentionnait la date de démolition, mais aussi l'heure approximative à laquelle les travaux devaient commencer. Il espérait sans doute que je revienne devant notre ancienne maison au jour et à l'heure qu'il m'indiquait.

Mais j'ai décidé de ne pas répondre à son attente. Non que je n'aie pas voulu les voir. On a beau dire, ce sont tout de même mes parents. Prendre l'initiative de les rejeter serait impardonnable. J'avais tout simplement peur de ce qui pourrait sortir de cette vieille maison.

Le jour de la démolition, j'ai tué le temps en lisant et en écoutant de la musique dans mon appartement. Si je ne suis pas sorti de chez moi, c'est parce que je ne voulais croiser aucun regard.

Mais, tout en feignant de lire ou d'écouter de la musique, je n'ai cessé de penser à cette vieille maison. La chambre où autrefois je faisais mes devoirs, le salon où nous regardions la télévision autour de la table chauffante, la cuisine où je jetais un coup d'œil discret en rentrant de l'école, le cartable sur le dos, en me demandant ce qu'il y aurait à dîner. Le placard, le couloir, et aussi le sombre débarras.

Je pensais à l'anéantissement de la maison. Je voyais les murs se lézarder, le plancher se briser, la charpente s'écrouler. Peut-être la vieille pendule qui perdait cinq minutes chaque semaine était-elle toujours accrochée au pilier ? Peut-être le calendrier avec le nom d'un quotidien imprimé dessus était-il encore cloué au mur ? Le bois de la galerie avait dû conserver la trace d'une brûlure de trois centimètres de diamètre. Je l'avais faite avec une loupe, à l'époque du primaire. Ce jour-là, j'ai cru que mes tympans allaient se déchirer sous les hurlements de mon père. Ces images passaient en boucle dans ma tête. Elles finirent par s'estomper, ne me laissant plus que des fragments de souvenirs aux tons sépia.

A propos de maison, il y en a une autre que je ne pourrai jamais oublier.

Contrairement à l'habitation traditionnelle de mon enfance, il s'agit d'une petite maison blanche de style occidental. Elle se dresse, solitaire, dans un coin perdu de la montagne où personne ne va jamais.

Songer à cette maison me fait encore frissonner. Ma poitrine se serre sous l'emprise d'une horreur indicible. Quand j'y repense, seul dans mon lit, j'ai envie de me cacher la tête sous les couvertures.

Mais, en un sens, il m'arrive aussi d'être pris d'un sentiment proche de la nostalgie. Avec l'impression que quelqu'un m'appelle.

Bien sûr je ne réponds pas. Et je suis le premier à savoir que c'est pour mon bien.

J'ai visité cette maison blanche avec une femme. Dans le but d'y trouver quelque chose. Mais ni elle ni moi ne savions ce que nous cherchions. Seul le vague espoir de trouver une réponse à nos questions nous avait poussés à y aller.

Aujourd'hui encore, je suis incapable de dire si nous avons eu raison de nous y rendre.

Cela s'est passé il y a deux ans.

CHAPITRE I

1

Le téléphone a sonné chez moi. C'est ainsi que tout a commencé.

Dès que j'ai entendu sa voix, j'ai su qui c'était. Une voix unique avec un accent juvénile. Mon cœur s'est mis à battre plus fort. J'ai quand même demandé sur un ton formel qui était à l'appareil. Je voulais lui montrer qu'il me restait un peu d'amour-propre, mais je m'en suis voulu tout de suite et me suis dit que j'étais stupide.

— Euh, c'est madame Nakano.

Elle n'a pas donné son nom de jeune fille, mais son nouveau nom. Peut-être par amour-propre, elle aussi.

— Madame Nakano ? ai-je dit, faisant toujours semblant de ne pas la reconnaître.

— Oh, pardon. Kurahashi. Sayaka Kurahashi.

— Aah, c'est toi ? me suis-je enfin exclamé.

Une comédie ridicule.

— Je te remercie pour l'autre jour.

Elle gardait le silence, ne sachant quoi dire. Ce n'était pas étonnant. C'était idiot de la remercier ainsi.

Je laissai échapper un léger rire dans le combiné.

— Même si nous ne nous sommes pas vraiment parlé.

— Tu as raison.

Sayaka sembla se détendre un peu à son tour.

— Tu bavardais avec tes amis et tu n'es même pas venu vers moi.

— C'est toi qui avais l'air de vouloir m'éviter.

— Mais non.

— Ah bon.

— Non, je t'assure.

— Hmm.

J'avais pris le portemine sur la table et j'appuyais machinalement dessus pour faire sortir la mine. Il y eut quelques secondes d'un silence gêné.

— Bon. Alors, pourquoi m'appelles-tu aujourd'hui ? Une simple envie ?

— Non, pas du tout.

J'entendais sa respiration. Presque imperceptible, mais je la devinais agitée. Elle se décida enfin :

— Je voudrais te voir à propos de quelque chose. Tu as du temps ?

J'étais un peu surpris. Je n'avais pas pensé qu'elle voudrait me voir. Les yeux rivés sur la mine du crayon, je lui ai demandé des explications.

— Je ne veux pas en parler au téléphone, me répondit-elle après un soupir.

Le combiné collé à l'oreille, j'essayais d'imaginer de quoi elle voulait me parler. D'une banale histoire d'amour ? Ce n'était pas son genre, elle ne m'aurait pas appelé pour ça. Je continuai néanmoins :

— Cette histoire nous concerne tous les deux ?

— Non, me répondit-elle clairement. Il s'agit d'un problème personnel. Mais je voudrais que tu écoutes mon histoire. Et puis j'ai un service à te demander. Et elle ajouta rapidement, comme si elle se doutait de ma réponse : Il n'y a qu'à toi que je peux le demander.

Je me suis senti un peu excité. Mais je me suis contenu et j'ai continué :

— Ton mari est au courant ?

— Il est absent en ce moment.

— Absent ?

— Il est aux Etats-Unis. Pour son travail.

— Je vois.

Je repoussai la mine à l'intérieur du portemine avec le bout de mon doigt.

— Mais pas de malentendu…

Sa respiration se détraqua encore un peu.

— On fait comme s'il était là.

Je gardai le silence. Je n'y comprenais rien. Je devinais au ton de sa voix que c'était important. Je devais donc me montrer d'autant plus prudent.

— Il faut que je réfléchisse… J'ai passé ma langue sur mes lèvres avant de continuer : Il y a bien d'autres personnes à qui tu peux t'adresser. C'est très dangereux de nous revoir toi et moi. Tu le sais ?

— Oui. Et j'ai malgré tout pris la décision de t'appeler.

— Mais enfin…

— Je t'en prie, ajouta-t-elle avec effort.

J'avais l'impression de comprendre son état d'esprit. Des yeux qui regardent au loin. Des yeux certainement rougis.

Je soupirai, avant de lâcher un peu brusquement :
— Demain après-midi je suis libre.
— Merci, me répondit-elle.

Pendant six ans, du lycée à la quatrième année d'université, Sayaka et moi avons été ensemble. Ceci dit, nous n'avons jamais échangé de serments passionnés ni vécu de moments inoubliables. Un peu comme si un jour nous nous étions rendu compte que nous sortions ensemble depuis six ans.

C'est elle qui a mis un terme à notre relation.

— Tu me pardonnes, hein ? Je suis amoureuse de quelqu'un d'autre.

Elle n'avait pas proposé de nous séparer, elle avait juste baissé les yeux. Mais cela avait suffi. Nous nous étions promis de ne pas nous retenir l'un l'autre, de ne pas faire les enfants gâtés et, si nous voulions rompre, de le dire avec franchise. Il n'était donc pas question que je la presse de rester avec moi.

— Bon, d'accord.

C'est tout ce que je lui avais dit tandis qu'elle gardait la tête baissée. Nous ne nous étions pas revus depuis.

Nos retrouvailles venaient d'avoir lieu, sept ans après, en ce début d'été. Une réunion d'anciens élèves de terminale s'était tenue à Shinjuku. Je ne peux nier qu'en décidant d'y assister, j'avais nourri le secret espoir de la revoir.

Au cours de la réunion, tout en bavardant amicalement avec des camarades d'un âge respectable, je l'avais guettée du coin de l'œil. Conformément à mes espérances, elle était venue elle aussi. Son corps presque trop mince lorsque nous étions ensemble présentait maintenant des rondeurs féminines. Elle se maquillait mieux, avait l'air paisible. Mais, en la regardant à la dérobée, je vis qu'elle avait toujours l'air de cette petite fille craintive qui sortait avec moi. Le constater me rassura un peu. Parce que c'était sa vraie nature et que je ne pouvais l'imaginer autrement. Légèrement à l'écart du groupe, elle protégeait son territoire. Et, sans en avoir l'air, elle observait avec une certaine méfiance ce qui se passait autour d'elle.

J'avais senti qu'elle me cherchait des yeux. Si je l'avais à mon tour regardée à ce moment-là, nous aurions peut-être eu l'occasion de faire le premier pas. Mais j'avais fait semblant de ne pas la remarquer.

La fête commençant à s'animer, chacun s'était présenté à tour de rôle. Quand le tour de Sayaka était venu, j'avais baissé les yeux sur mon verre de whisky.

Parlant des événements récents de sa vie, Sayaka disait qu'elle s'était mariée quatre ans auparavant et qu'elle était actuellement femme au foyer. Son mari, qui travaillait dans une société commerciale, n'était pas souvent à la maison… Une histoire comme il y en a beaucoup. Avant, je n'aurais jamais pu l'imaginer racontant une histoire aussi banale.

— Des enfants ? demanda l'ancienne déléguée de classe.

C'était une question bateau. Je bus une gorgée de mon whisky qui s'était dilué.

— Oui. Euh… un.
— Un garçon ?
— Non, une fille.
— Quel âge ?
— Bientôt trois ans.
— Elle doit être adorable.

Sayaka n'avait pas répondu immédiatement. Après un silence, elle avait dit, d'une voix plus frêle qu'avant :
— Oui, adorable.

Je levai les yeux pour la regarder. J'avais décelé de la douleur dans sa voix. Mais les autres n'avaient rien remarqué. Déjà quelqu'un d'autre commençait à parler.

Sayaka sortit un mouchoir et le porta à son front, comme pour dissimuler ses sentiments. Je crus la voir pâlir. Elle se tourna vers moi comme si elle avait deviné mon regard. Ce fut la première fois que nos yeux se croisèrent ce jour-là.

Mais j'avais aussitôt baissé la tête.

Finalement, Sayaka et moi n'avions pas échangé un mot. De retour chez moi, en desserrant ma cravate, je m'étais demandé pourquoi je m'étais rendu à cette réunion. Puis j'avais pensé que je ne la reverrais sans doute jamais.

Le téléphone avait sonné une semaine plus tard.

Nous nous étions donné rendez-vous à la cafétéria du City Hotel de Shinjuku. J'y arrivai à cinq heures moins dix et la serveuse me conduisit à une table. Sayaka n'était pas encore là. Après avoir jeté un regard circulaire dans le hall qui n'était pas si grand, je me moquai intérieurement de moi-même. Qu'avais-je espéré en arrivant dix minutes à l'avance ? Celle que j'attendais n'était plus l'étudiante que j'avais connue, mais l'épouse d'un cadre commercial.

Une partie de moi pensait : "N'attends rien. Tu lui as juste prêté une oreille attentive en croyant pouvoir lui venir en aide. Elle a bien dit qu'il n'y avait qu'à toi qu'elle pouvait s'adresser."

L'autre partie répondait : "Tu es plein de beaux sentiments au souvenir de ses paroles. Elle ne veut rien confier à son mari mais à toi, elle veut te parler. Tu espères qu'elle est encore amoureuse de toi en dépit du fait qu'elle a épousé quelqu'un d'autre. Arrête, ça suffit. A se laisser aller à des rêves idiots, on ne fait que se blesser soi-même."

Je ne voulais rien imaginer, mais…

Sayaka arriva à cinq heures moins cinq.

Quand elle me vit, sa poitrine se souleva légèrement avant de redescendre tandis qu'elle s'approchait de moi. Elle portait un tailleur vert menthe et un chemisier blanc. La longueur de sa jupe correspondait à ce qui était considéré comme moderne dans les années cinquante. Sa coupe de cheveux lui allait bien et sa photographie aurait pu faire la couverture d'un magazine pour femmes au foyer.

— Je pensais arriver la première, dit-elle en approchant de la table.

Elle avait les joues rouges.

— Mon rendez-vous précédent s'est terminé plus tôt que prévu. Et si tu t'asseyais au lieu de rester debout ?

Elle hocha la tête, prit place en face de moi et commanda un thé au lait. Rien n'avait changé.

— Tu habites près d'ici ? me demanda-t-elle, les yeux baissés avant de me regarder furtivement.

— Non, pas vraiment. J'ai deux changements. Mais en distance ce n'est pas si loin.

— Alors pourquoi as-tu choisi cet endroit ? continua-t-elle en jetant un coup d'œil autour d'elle.

— Je voulais que ce soit à mi-chemin de chez toi. Je crois que tu habites à Todoroki, lui dis-je et ses yeux se crispèrent imperceptiblement.

Elle paraissait étonnée que je connaisse son adresse. Je m'étais contenté de retenir ce qu'elle avait dit à la réunion d'anciens élèves. Elle sembla s'en souvenir et ses lèvres se détendirent un peu.

— Moi qui croyais que tu n'écoutais pas ce que je disais.

— Et moi, tu ne m'as pas écouté ?

— Si. Tu t'en sors bien, on dirait.

Son thé au lait arriva. J'attendis qu'elle en ait bu une gorgée avant de lui poser une autre question :

— Qui t'a donné mon numéro de téléphone ?

— Kudo.

— C'est bien ce que je pensais.

C'était lui qui avait organisé la réunion. Il avait toujours aimé se rendre utile et, quand il y avait une fête, c'était lui qui s'activait. Kudo savait aussi que nous étions sortis ensemble autrefois, Sayaka et moi. Alors, quand elle lui avait demandé mes coordonnées, il avait dû imaginer toutes sortes de choses. Sayaka y avait certainement pensé, c'était donc que son affaire était sérieuse.

Je pris une carte de visite dans mon portefeuille et la posai devant elle.

— Alors comme ça tu habites à Nerima, dit-elle en la prenant.

— C'est mieux d'être près de l'université.

L'université se trouvait à Toshima.

— Chaire numéro sept du département de physique de la faculté des sciences... Comme avant.

— Le seul progrès, c'est qu'on m'a donné le titre d'assistant de recherche, lui dis-je en ricanant.

— Et bientôt tu auras celui de professeur adjoint, n'est-ce pas ?

— Ce sera pour plus tard.

Sayaka regarda ma carte un moment, avant de se passer la langue sur les lèvres et de relever le menton.

— Tu n'en as pas une autre ?

— Une autre ? Non. Pourquoi ?

— Comment dire ? Pour ton travail littéraire... peut-être. A la réunion, quelqu'un a dit que tu faisais aussi ce genre de chose.

— Aah, ai-je éludé en secouant la tête avant de tremper mes lèvres dans mon café refroidi. C'est juste un petit boulot. Ce n'est même pas un travail d'appoint.

— Mais tu écris bien une chronique pour une revue ?

— Une revue scientifique mineure. Et même pas dans chaque numéro. L'éditeur m'appelle quand il a un sujet pour moi.

Il s'agissait d'un mensuel qui abritait une rubrique consacrée aux "phénomènes de société vus par les scientifiques". On demandait à des scientifiques, considérés comme ignorants des choses du monde, d'y traiter de leur point de vue un sujet d'actualité. Au départ, le rédacteur en chef avait proposé ce travail à l'un de mes professeurs qui était son ami. Mais ce dernier ne voulait pas se ridiculiser en écrivant des textes ennuyeux pour le grand public et, comme je dépendais directement de lui, il m'en avait chargé. Je croyais me rappeler que le sujet de ma première livraison avait été : "Le système de sélection dans le base-ball professionnel." Depuis, j'avais déjà publié sept articles.

— J'ai entendu dire que tu publiais des textes, alors je suis allée consulter cette revue à la bibliothèque. Je ne les ai pas tous trouvés, mais j'en ai quand même lu trois.

— Ah bon ? Je suis confus. La pauvreté de mon style a dû te faire rire, non ? lui dis-je en me rappelant qu'elle était diplômée de lettres.

Elle secoua la tête.

— C'était amusant. Et les sujets étaient intéressants eux aussi.

— Tant mieux. C'est bien la première fois que je reçois un compliment de mes lecteurs.

Je bus une autre gorgée de café avant de la regarder droit dans les yeux.

— Alors, tu voulais me demander quelque chose ?

Sayaka inspira profondément, comme si elle se décidait enfin, et prit une enveloppe marron dans le sac posé à côté d'elle. Elle la retourna au-dessus de sa paume et il en sortit un objet couleur de cuivre et une feuille repliée. Elle les déposa devant moi. L'objet était une clef en laiton à tête de lion. Je dépliai la feuille : un plan sommaire était griffonné à l'encre noire sur du papier à lettres.

Je relevai la tête.

— Qu'est-ce que c'est ?

Les lèvres de Sayaka s'entrouvrirent lentement.

— L'héritage de mon père.

— Il est mort ?

— Il y a tout juste un an. D'un infarctus.

— Ah…

Je n'étais pas particulièrement ému : je ne l'avais jamais rencontré.

J'ai pris la clef. Elle était lourde. Le plan tracé à la main semblait indiquer un itinéraire. Le seul nom de lieu, écrit petit, en bas à droite, était celui d'une gare.

Matsubarakoeki, la gare du lac de Matsubara. Je cherchai dans ma mémoire et crus me rappeler que c'était dans la région de Nagano, pas très loin de Komoro.

— Alors, de quoi s'agit-il ? lui demandai-je.

— Je voudrais que tu viennes à l'endroit indiqué sur ce plan. Avec moi.

Surpris, j'ouvris grands les yeux.

— Moi ? avec toi ? mais pourquoi ?

Elle tendit le bras pour reprendre la clef. Ses doigts frôlèrent ma paume. Fins et blancs, ils étaient frais.

— Il y a des choses qui me préoccupent dans les agissements de mon père de son vivant, continua-t-elle posément. Il aimait la pêche, et de temps en temps, les jours fériés, il partait seul, mais parfois c'était bizarre. La veille il ne préparait rien. Il n'achetait pas d'appâts, ne vérifiait pas son matériel. Et il revenait bredouille, sans le moindre poisson. Et ce n'est pas tout : en rentrant, il ne nettoyait pas sa canne à pêche. Alors qu'il n'y manquait jamais d'habitude.

— Tu penses que la pêche était un prétexte et qu'il allait ailleurs ?

— Ça paraît évident, non ?

— Et ça lui arrivait souvent ?

— Eh bien… Une fois tous les deux ou trois mois, peut-être ? Bien sûr, si j'étais à l'école ou au travail, je ne pouvais pas le savoir.

— Tu ne l'as jamais interrogé à ce sujet ?

— Je lui ai posé la question une fois. Papa, tu es vraiment allé à la pêche ? Et là il ne m'a pas disputée mais il m'a répondu sur un ton désagréable que bien sûr il y était allé, et que je n'étais pas obligée de lui faire remarquer qu'il rentrait bredouille. J'étais convaincue qu'il mentait. Mais sur le moment j'ai pensé qu'il s'était rendu chez une femme. Parce que maman était morte plusieurs années auparavant, et que ça n'aurait rien eu d'étrange qu'il ait une histoire d'amour.

— Déduction pertinente, remarquai-je en posant mes coudes sur la table.

— J'étais triste pour ma mère, mais aussi un peu impatiente. Je me disais qu'il allait peut-être me la présenter un jour prochain.

Elle eut un bref sourire, mais reprit aussitôt son sérieux.

— Mais mon père est mort et aucune femme ne s'est manifestée, donc mon raisonnement était faux. Finalement, un an s'est écoulé sans que je sache où il allait mais, il n'y a pas longtemps, j'ai trouvé cette clef et ce plan. Dans le sac à dos qu'il emportait toujours à la pêche.

Je regardai à nouveau le plan avant de relever la tête. Mes yeux croisèrent les siens.

— Tu en déduis que ton père allait à l'endroit indiqué sur ce plan ?

Sayaka acquiesça gentiment.

— Et tu veux aller voir ce qu'il y a là-bas.

Elle acquiesça à nouveau.

Je voulus prendre ma tasse, mais je me rappelai que je l'avais vidée et mon geste resta en suspens.

— Dans ce cas tu peux y aller seule. Je ne vois pas pourquoi tu aurais besoin de moi.

— C'est dans un endroit que je ne connais pas du tout, et toute seule c'est triste.

— Tu n'as qu'à le proposer à quelqu'un d'autre.

— Il n'y a personne à qui je puisse demander ça. Et puis je n'ai pas d'ami avec qui je pourrais faire le voyage.

Elle baissa la tête, tendit ses bras en arrière sur le dossier et se balança d'avant en arrière. Ce genre de réaction enfantine, c'était comme autrefois.

— Je ne comprends pas très bien, lui dis-je. Il n'y a pas à réfléchir très intensément. Il ne s'agit que d'aller découvrir un petit secret de ton père. Et puis il n'y a pas urgence. Tu peux attendre le retour de ton mari, vous irez un dimanche en excursion. Puisque tu as une fille, vous irez tous les trois, en famille…

Je m'interrompis. Elle venait de relever brusquement la tête, son regard était dur. Je me troublai un peu :

— Quelque chose ne va pas ?

Elle baissa les yeux. Ses paupières papillonnaient comme si elle voulait retenir ses larmes, et je ne comprenais pas pourquoi elle se mettait à pleurer tout d'un coup.

En la regardant alors qu'elle gardait la tête baissée, je décidai d'attendre en silence. Je voulais lui laisser l'initiative de parler.

Il était clair qu'il y avait quelque chose de grave. Sinon elle ne se serait pas adressée ainsi à moi, son ancien petit ami, uniquement parce qu'elle avait des doutes au sujet de son père. Mais je ne savais pas quelle décision je devrais prendre quand elle m'aurait expliqué la situation. Je me disais qu'il me faudrait réfléchir avec circonspection. Parce que je me rendais compte de ma propre faiblesse, alors que je commençais à nourrir le secret espoir que je pourrais peut-être renouer avec elle.

Elle releva la tête, ses yeux n'étaient pas rouges. Elle eut l'air d'hésiter, fixa un point au loin, et sembla bientôt s'intéresser à quelque chose. Son regard se déplaçait lentement ; je lorgnai dans cette direction. Un jeune couple venait d'entrer dans le hall. De petite taille, la femme portait une minijupe qui laissait deviner la naissance de ses cuisses, et un t-shirt à manches amples. Plutôt grand, l'homme était en jean et polo. Ils étaient tous les deux bien bronzés.

Sans cesser de les regarder, Sayaka prit la parole :

— C'est comme toi autrefois, ses bras noirs qui sortent de son t-shirt.

Etudiant, j'avais fait de l'athlétisme. Du cent mètres et du saut en hauteur.

Elle me regarda bien en face.

— Tu te rappelles quand nous étions étudiants ?

— Bien sûr.

— Moi aussi. Elle regarda mon torse avant de lever à nouveau les yeux vers moi. Et l'époque du collège ? Tu t'en souviens ?

— Certaines choses. Même si j'en ai sûrement oublié beaucoup.

— Et le primaire ?

— J'ai dû en oublier pas mal, à ce niveau. Je ne me souviens même plus du visage de mes amis.

— Mais tu as des souvenirs ? d'excursions ou de fêtes sportives, par exemple ?

— Je me rappelle bien les fêtes sportives. Surtout les courses. Finalement, je n'ai jamais réussi à arriver premier.

— Vraiment ? C'est surprenant, dit-elle en riant avant de continuer. Et avant ça ?

— Avant quoi ?

— Avant le primaire. Tu te souviens de choses ?

— Tu me poses une colle, ai-je commencé en croisant les bras. J'ai quelques fragments de souvenirs, pas vraiment très clairs. Des enfants du quartier avec qui je joue, ou mes parents qui me grondent. Mais ça ne forme pas une histoire continue.

— N'empêche, dit Sayaka. Tu as des souvenirs. De la maison où tu habitais, des gens de ton entourage, par exemple.

— Bien sûr, ai-je dit en riant. Mais pourquoi tu me poses cette question ?

Elle sembla hésiter à nouveau, puis dit après avoir passé sa langue sur ses lèvres :

— Moi je n'en ai aucun.

— Comment ça, aucun ?

— Aucun souvenir, continua-t-elle après une brève inspiration. La maison où j'habitais, les gens de mon entourage, je ne me souviens de rien. Et je veux aller là-bas pour retrouver mes souvenirs.

2

— De mon enfance, j'ai des souvenirs à partir du primaire. Surtout de la cérémonie de la rentrée. Maman me tirait par la main, et nous avons franchi toutes les deux le portail de l'école. Le long du mur, il y avait une belle rangée de cerisiers. Les fleurs qui tombaient voltigeaient comme des flocons… Le regard perdu, Sayaka penchait la tête. Mais je ne me rappelle rien d'antérieur. C'est complètement inexistant.

Et elle me fixa d'un air interrogateur.

Je décroisai les bras et me penchai légèrement vers l'avant. Je n'arrivais pas à bien saisir la situation. J'ouvris la bouche.

— Et alors ? Ce n'est pas grave. Beaucoup de gens oublient leur passé, mais ils ne s'en soucient pas plus que ça.

— C'est parce qu'ils ont oublié petit à petit, avec le temps. Si c'était mon cas, moi non plus je ne m'en ferais pas.

— Ça ne s'est pas passé ainsi ?

— Non. Cela me préoccupait déjà quand j'étais au primaire, je me demandais pourquoi je n'avais pas de souvenirs. Ça va peut-être de soi d'oublier sa petite enfance quand on est adulte, mais c'est troublant pour un enfant, non ?

— Ça oui…

— C'était tellement bizarre que j'ai interrogé mon père. Je lui ai demandé pourquoi je n'avais aucun souvenir du jardin d'enfants. Il m'a répondu que c'était sans doute parce que j'étais trop petite. Mais cela ne me satisfaisait pas. Parmi mes amis, autour de moi, personne n'avait ce problème. Et j'éprouvais un sentiment de malaise quand j'y réfléchissais. Il fallait que j'aille de l'avant, mais je ne savais pas comment faire, je n'étais pas sûre de moi. Je me sentais inexplicablement seule et j'avais peur.

Les mains sur sa poitrine, elle respira profondément.

— Tu ne te souviens vraiment de rien ?

— De rien du tout, dit-elle d'un air douloureux. Le blanc total. Je n'ai même pas de fragments de souvenirs, comme tu disais tout à l'heure.

— Il y avait bien des albums de photos chez toi ? Il y a des souvenirs de ton enfance là-dedans. Par exemple pour la fête des Enfants ou la cérémonie d'entrée au jardin d'enfants. Les regarder ne te rappelle rien ?

— Mes parents ont pris plein de photos de moi. Pour moi. Des albums, il y en a deux rien que pour mon enfance. Mais il n'y a pas une seule photo de quand j'étais vraiment petite. Celle qui est collée en première page du premier album est celle de la cérémonie de rentrée à l'école primaire.

— C'est impossible.

— C'est la vérité. Si tu veux je te les montrerai, ils sont à la maison.

— Et tes parents ne t'ont jamais raconté d'histoires d'avant le primaire ?

27

— Euh... elle pencha un peu la tête. Si, c'est arrivé. Ma première fête des Filles, ou celle du Nouvel An. Je crois aussi me souvenir d'une histoire qui s'est passée quand j'avais environ cinq ans, ils m'avaient perdue. Papa et maman étaient paniqués, ils me cherchaient partout. En fait, je dormais dans un placard de la maison.

— Et ce genre d'histoires ne t'évoquent rien ?

— C'est comme si elles ne me concernaient pas, dit-elle dans un soupir. De leur côté, mes parents n'avaient pas l'air très heureux d'en parler. Ils me donnaient l'impression d'évoquer des événements quelconques.

— Des événements quelconques...

Je me demandais ce que cela signifiait. Il était étrange que Sayaka n'ait pas le moindre souvenir de sa petite enfance, mais le fait que ses parents n'aient rien gardé de cette époque n'était pas moins mystérieux. N'importe qui gaspille de la pellicule au moins les trois premières années consécutives à la naissance de ses enfants. Il n'est pas rare que des parents achètent un appareil photo dans ce seul but.

— Mais, à l'époque, tu ne m'en as pas du tout parlé.

— Quand je t'ai connu, je m'étais déjà adaptée à la situation. On peut dire que j'avais baissé les bras. Mais j'ai toujours eu conscience de ne pas avoir de souvenirs d'enfance. Je ne l'ai jamais oublié, même quand on sortait ensemble.

Je soupirai. Je croisais et décroisais mes doigts sur la table. Son histoire était difficile à imaginer pour moi.

— Tu penses qu'il s'est passé quelque chose de particulier qui t'a fait perdre tes souvenirs d'enfance, c'est ça ? demandai-je pour essayer de mettre de l'ordre dans mes idées.

Elle acquiesça. J'enchaînai aussitôt en désignant le plan sur la table :

— Et tu as l'espoir de trouver là-bas une piste qui pourrait t'aider à les retrouver.

— En fait je me souviens.

— De quoi ?

— De cette clef, dit-elle en prenant la clef à tête de lion. Je l'ai déjà vue quelque part. Mais pas après le primaire. Avant. Si je découvre à quoi elle correspond, je suis sûre que je me rappellerai.

Je croisai les bras et m'enfonçai dans le fauteuil club du hall. Je poussai un gros soupir.

— Je ne saisis pas très bien, c'est si important que ça ? Enfin, je comprends que cela te préoccupe depuis longtemps, mais maintenant tu y es habituée, non ? Dans ce cas c'est bien ainsi. Les souvenirs d'enfance, pour moi non plus, ils n'ont pas grande importance. En avoir ou pas n'a pas grande influence sur notre destinée.

Sayaka serra les paupières et les rouvrit lentement. Peut-être essayait-elle de contenir son énervement. Elle prit la parole.

— Mais c'est quelque chose dont j'ai besoin.

— Comment ça ?

— Je m'en suis aperçue ces derniers temps. Il me manque quelque chose d'important. A force de chercher, je suis arrivée à la conclusion que je n'avais pas de souvenirs d'enfance.

— Tu dis qu'il te manque quelque chose.

— Oui, déclara-t-elle avec fermeté, j'en suis persuadée. Je suis la seule à le savoir. Qu'il me manque quelque chose.

Je ne m'attendais pas à sa réaction et je perdis contenance.

— Que s'est-il passé ? lui demandai-je brusquement. Pourquoi est-ce que tu crois ça ?

Elle secoua la tête.

— Je ne veux pas en parler ici.

— Alors où veux-tu en parler ?

— Si on va là-bas, je te le dirai, dit-elle en posant la main sur le plan. Si on va là-bas, si j'y retrouve mes souvenirs, je pense que je pourrai en parler. Je pense même que tu pourras me comprendre. C'est pourquoi je voudrais que tu m'accompagnes.

Je me suis gratté la tête.

— C'est une histoire invraisemblable.

— Excuse-moi. J'ai bien l'impression de dire n'importe quoi. Mais pour l'instant je ne peux rien ajouter, dit-elle en baissant à nouveau la tête.

Elle semblait tourmentée psychologiquement et prête à tout pour retrouver la mémoire. Je voulais lui venir en aide. Mais, tant que je ne connaîtrais pas la raison de son trouble, il me serait difficile de l'aider.

— Il n'est pas question que je t'accompagne, lui dis-je. Je ne crois pas être l'homme de la situation. Il doit y avoir quelqu'un de plus indiqué.

— Tu rejettes ma demande alors que tu m'as laissée te faire toutes ces confidences ?

— Tu ne t'es pas entièrement confiée. Et puis je ne comprends rien à ce qui s'est passé ni à ce qui te tourmente à ce point. Peut-être que c'est mieux comme ça, d'ailleurs.

Elle voulut dire quelque chose mais se tut. Je ne savais pas si elle était fatiguée de s'expliquer, ou si elle pensait qu'il était inutile de m'en dire plus. Elle tendit la main vers sa tasse, mais celle-ci était vide depuis longtemps déjà.

Nous gardions tous les deux le silence lorsque notre attention fut attirée par le brouhaha ambiant. Nous regardâmes le couple de tout à l'heure. Ils riaient d'un air heureux.

— Bon, dit-elle peu après d'une voix frêle, je me suis sans doute trompée. Tu as ta vie, et tu n'as pas le temps de te préoccuper des problèmes d'une ex-petite amie.

— Je serai toujours là pour toi si tu as des problèmes. Mais d'une autre manière.

— Merci. Mais d'une autre manière tu ne peux pas m'aider, me fit-elle remarquer en souriant tristement.

Elle remit la clef et le plan dans son sac. Elle se leva et je tendis le bras vers l'addition sur la table. Mais elle avait fait le même geste et maintenant nous tirions tous les deux dessus.

— C'est moi qui paie.

Elle secoua la tête.

— Non, c'est moi qui t'ai fait venir.

— Ça ne fait rien…

Je tirais toujours sur l'addition. C'est alors que je vis l'intérieur de son poignet gauche. Deux traits violets couraient parallèlement au bracelet de sa montre. Je lâchai l'addition. Je ne savais plus quoi dire.

Elle se rendit peut-être compte de mon regard, car elle cacha derrière son dos la main qui tenait l'addition.

— Je vais payer.

Elle se dirigea vers la caisse tout en dissimulant son bras gauche.

Je l'attendis à la sortie du salon. Les cicatrices à son poignet restaient gravées sur ma rétine. Le choc que je venais de ressentir en les découvrant avait du mal à se dissiper.

Sayaka revint vers moi. Le menton rentré, elle avait l'expression d'une enfant qui redoute de se faire gronder.

— Merci pour l'invitation, lui dis-je.

Elle me répondit sans doute : "De rien", mais je ne l'entendis pas.

Nous sortîmes l'un derrière l'autre par l'entrée principale de l'hôtel. J'avais l'intention de me diriger vers le passage souterrain, mais elle s'arrêta.

— Je rentre en taxi.

— D'accord.

Mais nous restions debout l'un en face de l'autre sans nous dire au revoir. Trois hommes en costume-cravate sont passés près de nous.

Je fis un pas vers elle.

— Ton mari ne risque pas d'être au courant ?

— De quoi ?

— Si tu t'absentes, ton mari ne risque pas de l'apprendre ?

— Aah... Son visage se détendit comme un nœud qui se défait : Pour ça, je ferai attention. De toute façon, il ne rentrera pas avant au moins six mois.

— Ah bon.

Toutes sortes d'idées me traversaient l'esprit. J'hésitais encore.

Sayaka leva les yeux vers moi.

— Tu veux bien m'accompagner ?
Je m'humectai les lèvres avant de lui demander :
— Tu es libre samedi prochain ?
Elle poussa un soupir de soulagement.
— Oui, je suis libre.
— Alors appelle-moi vendredi soir. On verra pour les détails à ce moment-là.
— D'accord. Ses paupières papillonnèrent. Merci.
J'ai regardé son poignet gauche. S'était-elle aperçue du mouvement de mes yeux ? Elle le dissimula avec la paume de sa main droite. J'ai détourné le regard.
— Tu ne veux pas rentrer en taxi ? Je te dépose, me proposa-t-elle d'un ton un peu plus joyeux qu'avant.
— Non merci, c'est gentil.
— Bon, dans ce cas…
Je me suis mis à marcher, la laissant là. Quand je me suis retourné après avoir traversé la rue, j'ai vu qu'elle me regardait encore. Je lui ai adressé un petit signe de la main.

3

Un petit nuage solitaire se détachait sur le ciel bleu. Il allait faire chaud. J'ai tiré les rideaux de dentelle et je suis sorti du lit en ronchonnant. Si ma tête était un peu lourde, c'était sans aucun doute parce que j'avais bu trop de brandy la veille. Je n'avais pas fermé l'œil de la nuit. Mon esprit était resté actif en réfléchissant au lendemain.

Je m'étais réveillé à sept heures du matin. Une heure impensable pour moi en temps normal. Après quelques mouvements de gymnastique, j'ai pris tout mon temps pour me raser et me brosser les dents. Cela ne dura pas plus d'un quart d'heure. Je n'ai pas pris de petit-déjeuner, le départ étant prévu pour huit heures.

J'ai lu le journal d'un bout à l'autre, et j'ai regardé les nouvelles à la télévision en attendant huit heures. Mais, juste au moment de partir, je me suis rendu compte que mon équipement était incomplet, et finalement je suis parti dans la précipitation.

Je me suis engagé sur le boulevard circulaire numéro sept vers le sud, j'ai bifurqué dans une petite rue à Koenji, pour déboucher sur la route de Koshu. A partir de là j'ai roulé plein ouest. Un samedi, par ce temps magnifique, les gens qui voulaient sortir étaient nombreux, il y avait partout des voitures de tourisme conduites par des chauffeurs du dimanche.

Quelques minutes après le croisement du boulevard circulaire numéro huit, j'ai vu la pancarte d'un Royal Host sur ma gauche. J'ai garé la voiture sur le parking, et je suis entré dans le restaurant. Sayaka avait pris place côté fenêtre.

— Je t'ai fait attendre, m'excusai-je, en remarquant que la tasse de thé posée devant elle était vide.

Elle secoua la tête.

— C'est moi qui suis arrivée en avance. Je pensais qu'il y aurait plus d'embouteillages.

La veille, au téléphone, nous nous étions mis d'accord pour qu'elle vienne en taxi jusqu'ici et que je la prenne en passant.

Je commandai un café et un sandwich, elle demanda une glace en supplément.

— Heureusement qu'il fait beau, ai-je remarqué en regardant le ciel.

— C'est vrai, mais la météo dit que ça va se dégrader ce soir.

— Ah bon ?

— Oui. J'ai vérifié celle de Nagano par téléphone.

— Tu penses à tout.

Tout en me disant que là-bas le temps changeait facilement, je lui jetais des regards discrets. Son sac Louis Vuitton était bien gonflé. Nous étions convenus la veille de faire l'aller et retour dans la journée. Je me demandais si une femme avait vraiment besoin d'autant d'affaires, mais il aurait semblé étrange de l'interroger là-dessus, aussi je gardai le silence. A côté de son sac, il y avait un sac en papier. Il contenait manifestement des albums de photos. Elle m'avait dit la veille qu'elle les apporterait.

La serveuse arriva et posa les commandes sur la table. Tout en regardant de temps en temps Sayaka manger sa glace avec une petite cuillère plate, je faisais passer mon sandwich à l'aide de gorgées de café. Sa façon de lécher la glace en pointant sa langue rose n'avait absolument pas changé.

Je jetai un coup d'œil discret à son poignet gauche. Sa montre était différente. Le bracelet en cuir était large. Je pensai que c'était pour mieux cacher ses cicatrices.

Notre petit-déjeuner terminé, nous nous sommes mis en route. Toujours plus à l'ouest sur la route de Koshu. Le panneau indiquant l'échangeur de Chofu n'a pas tardé à apparaître.

— Dis, j'ai apporté un CD, on peut l'écouter ? me demanda-t-elle d'un air gêné. Il y avait un lecteur dans ma voiture.

— Oui. C'est quoi ? lui demandai-je en espérant que ce ne soit pas Yuming. Elle m'en avait fait écouter autrefois.

Un morceau de Queen sortit des haut-parleurs. Mais ce n'était pas le chanteur du groupe. Elle me dit que c'était George Michael.

— Qu'est-ce que tu écoutes à part ça ?
— Bon Jovi parfois, me répondit-elle.

Je me dis que ses goûts avaient changé. Aucun doute, il y avait bien eu une longue période vacante entre nous.

Il n'y eut pas autant d'embouteillages que je le craignais, et nous sommes arrivés à l'échangeur de Sutama en un peu plus d'une heure. Mais il nous a fallu un peu de temps pour sortir au péage. Beaucoup de voitures se rendaient à Kiyosato. Pratiquement que des couples. Nous aussi, vus de l'extérieur, nous devions avoir l'air d'un couple partant en week-end. En fait, étudiants, nous étions allés une fois à Kiyosato. Je me souvenais d'une pension de famille comme on en trouve dans les livres d'images et d'une cuisine française qui n'avait pas beaucoup de goût. De saucisses faites maison qui n'étaient pas bonnes.

Assise à côté, Sayaka pouffa. Nous suivions vers le nord, au milieu des autres véhicules, l'ancienne nationale cent quarante et un bordée de ginkgos bilobés, celle qu'on appelait maintenant la Kiyosato line.

— Qu'est-ce qui t'arrive ?
— Je me rappelle la dernière fois que nous sommes passés par ici. Tu te souviens ? Nous étions descendus à la pension je ne sais quoi.
— Hmm...

Je ne lui dis pas que je m'en souvenais aussi.

— Au moment où tu as découvert l'endroit, tu as failli faire demi-tour. Tu disais que tu détestais les love hotels de ce genre.

— C'est vrai.

J'ai esquissé un demi-sourire.

— Finalement tu t'es résigné et nous y avons dormi, mais le lendemain, tu te souviens ? Quand nous sommes allés faire un tour à Kiyosato, il y avait des rangées de boutiques de souvenirs encore plus clinquantes.

— Aah, quelle horreur !

— Et toi, tu m'embêtais parce que tu voulais rentrer le plus tôt possible, si bien que je n'ai pas eu le temps de faire mes achats.

— J'avais tellement honte d'être là.

— C'est vrai que ce n'était pas terrible.

Nous avons éclaté de rire tous les deux, un peu maladroitement. Je me dis que je devais peut-être lui proposer de nous arrêter à Kiyosato, mais je ravalai mes mots. Mon pied appuya plus fort sur l'accélérateur.

Bientôt nous commençâmes à voir au bord de la route des cafés aux décorations clinquantes et des restaurants surmontés de panneaux aux noms de starlettes. Comme autrefois. Et cette tendance n'allait sans doute pas aller en diminuant, car on continuait à construire dans le même style.

Un peu plus loin, une route partait sur la gauche. Elle conduisait à Kiyosato, là où nous étions allés autrefois. Mais je continuai tout droit sans la moindre hésitation.

— Ton père partait toujours en voiture ?

— Oui, il était chauffeur de taxi.

C'est vrai, me suis-je rappelé. Elle me l'avait dit quand nous étions au lycée.

— S'il venait aussi l'hiver, il devait utiliser des chaînes.

— Maintenant que tu le dis, papa les avait toujours dans le coffre. Je pensais vaguement que c'était pour ne pas être ennuyé en cas de tempête de neige.

— C'était peut-être pour pouvoir y aller n'importe quand.

— Oui, acquiesça-t-elle.

Nous continuâmes pendant un moment à rouler sur la route bordée de végétation mais, après la traversée du passage à niveau de la ligne Komi, le nombre de maisons particulières augmenta de chaque côté. Une dizaine d'écoliers du primaire marchaient à la queue leu leu.

Nous avons traversé Uminokuchi et, après dix minutes de trajet, un panneau au-dessus de la route signalait la sortie pour le lac de Matsubara. Un peu plus loin, un autre panneau indiquait la gare d'Uminokuchi sur la droite. A l'angle, j'ai tourné comme indiqué sur le plan. La gare du lac de Matsubara était aussi petite qu'un débarras. Au-dessus de l'entrée, un panneau de bois avec les anciens caractères de Matsubarakoeki tracés à l'encre de Chine était fixé avec des clous rouillés. La salle d'attente sombre était plus petite que la chambre que j'avais louée étudiant, et sur une étagère installée dans un coin étaient abandonnés plusieurs exemplaires de "Shonen Jump" et "Shojo Friend", des magazines de bandes dessinées pour garçons et filles.

Les horaires affichés au mur, écrits à la main, mentionnaient un train toutes les quatre-vingt-dix minutes. Il y en avait un qui venait tout juste de partir, et personne sur le quai. Nous y sommes allés, en traversant le guichet de contrôle désert. Avec une unique voie ferrée, l'ambiance était pour le moins dépaysante.

— Tu veux bien me montrer le plan ? demandai-je à Sayaka. Elle le sortit de son sac.

Le tracé montrait l'itinéraire à partir de la gare du lac de Matsubara, marquée par un point noir en haut à gauche de la feuille. Il fallait semble-t-il emprunter une route sinueuse. Le chemin était balisé d'indications, telles que "trois pins" ou "stèle". L'indication la plus proche de notre objectif était "lion". Bien sûr, je ne savais pas ce que cela représentait, mais nous avions cette clef à tête de lion, et je me suis dit que nous devions être sur la bonne voie.

— De toute façon il faut aller voir.

Je l'entendis répondre un imperceptible "oui", sans doute pour elle seule.

De la gare, nous retournâmes sur la nationale et, peu après avoir rebroussé chemin en direction de Kiyosato, nous tournâmes à droite comme l'indiquait le plan. A partir de là, les côtes abruptes devinrent plus nombreuses.

Il y eut tout de suite un croisement où la direction du lac de Matsubara se séparait de celle des sources thermales d'Inago. Nous prîmes la direction de Matsubara.

Peu après, nous découvrîmes le lac sur notre droite. Il y avait des parkings gratuits et des auberges un peu partout, mais malgré le week-end l'endroit ne paraissait pas très fréquenté.

Plus nous avancions, moins il y avait d'habitations, et bientôt une forêt fit son apparition devant nous. A l'entrée de cette forêt se dressaient trois pins. Cela correspondait au plan. Sans hésiter, j'engageai la voiture dans la forêt.

Selon le plan, nous devions ensuite trouver une stèle qui marquerait l'entrée d'un sentier, mais je n'en voyais pas. Bientôt il y eut une suite de virages prononcés et, quand nous les eûmes franchis, le chemin se transforma brusquement en route nouvellement aménagée. Avec des allées un peu partout. J'en empruntai une pour voir, et nous découvrîmes des maisons de style occidental et des chalets en rondins cachés au fond de l'épaisse forêt. Le coin avait manifestement été transformé en lotissement pour résidences secondaires. Sur un panneau dressé à une intersection, la forêt était divisée en petits carrés comme un damier de go. Et chaque allée était baptisée d'un nom un peu kitsch.

— Le lotissement n'était pas indiqué, dit Sayaka. Le point noir sur le plan désigne peut-être une de ces maisons ?

— C'est possible, mais il faudrait trouver la stèle.

— Je ne pense pas qu'elle soit par là. Sinon il aurait été plus simple d'écrire le nom d'une allée.

— C'est vrai. Alors faisons demi-tour.

Nous repartîmes en sens inverse. De la voiture, nous distinguions plusieurs villas dont la plupart semblaient inhabitées.

Nous quittâmes le lotissement, continuant à rebrousser chemin. Nous roulions à travers la forêt lorsque Sayaka s'écria :

— Ah, là-bas !

Tout en ralentissant, je jetai un coup d'œil dans la direction qu'elle m'indiquait. Sur le bord de la route, juste à côté, se dressait une pierre carrée d'environ un mètre de haut à moitié enfouie dans l'herbe. On aurait dit un simple rocher, que l'on pouvait également prendre pour une stèle. Une petite route partait juste à côté. Mais elle était très étroite et ne paraissait pas très praticable.

— On dirait que c'est ça, dis-je. Allons-y.

J'engageai la voiture sur le chemin plein de nids-de-poule, en faisant grincer les pneus. Très vite le revêtement, un simple béton coulé, s'interrompit. Juste à cet endroit s'élevait un bâtiment aux allures d'entrepôt en ruine.

Je continuai à avancer. Des herbes folles qui poussaient de part et d'autre du chemin griffaient la carrosserie.

Bientôt la route se divisait en deux embranchements. Comme sur le plan. Je stoppai la voiture pour regarder autour de nous. Nous devions y découvrir le dernier repère.

Sur la droite se dressait un petit poteau indicateur. Il ne portait pas d'inscription, mais un dessin tracé à la peinture blanche. Il n'était pas facile à voir car la peinture était écaillée par endroits, mais cela ne faisait aucun doute : il s'agissait bien d'un lion de profil. Sans rien dire, j'ai tourné le volant dans la direction indiquée. Sayaka gardait elle aussi le silence.

Après avoir roulé sur une dizaine de mètres, nous avons découvert une construction sur notre gauche. Une maison grise. Elle était tellement envahie par les taillis et les mauvaises herbes que de loin on ne voyait que le premier étage.

Je garai la voiture devant. Le chemin s'arrêtait là. Je coupai le contact et observai la maison à travers le pare-brise.

4

Elle paraissait grise, mais donnait l'impression que sa couleur d'origine avait été le blanc. Sur la pente du toit, entre deux chiens-assis, se dressait une petite cheminée carrée.

Il n'y avait pas de clôture autour de la maison, malgré un portail aux piliers de brique. De là partait une allée en ciment qui conduisait au porche d'entrée.

Nous descendîmes de voiture pour nous approcher. Les volets de toutes les fenêtres du rez-de-chaussée étaient fermés.

La partie gauche de la maison était un peu plus profonde, avec le porche devant. Sous le porche, une porte du même gris que le mur et à gauche de cette porte, sur environ un mètre, une partie qui avançait. Je regardai le haut et les côtés de la porte, mais il n'y avait pas de plaque.

— On dirait qu'elle n'est pas habitée, dit Sayaka en se rapprochant de moi, tu crois que c'est aussi une villa ?

— On dirait, oui.

Il n'y avait pas de carillon. Je frappai trois petits coups sur la porte. Mon poing produisit un son sec et dur, tandis qu'il laissait une trace nette sur la poussière.

Comme je m'y attendais, il n'y eut aucune réaction. Nous échangeâmes un regard, Sayaka et moi, et je haussai les épaules.

— On essaie la clef ? proposai-je.

— Oui.

Elle sortit la clef à tête de lion de son sac. Je la pris.

La poignée se trouvait à gauche de la porte, avec la serrure juste au-dessous. J'avançai la main, mais au moment d'insérer la clef je m'arrêtai.

— Non, ça ne va pas.

— Qu'est-ce qui ne va pas ?

— La serrure est différente. Ce n'est pas la clef d'ici.

J'essayai tout de même, mais la clef était trop grosse pour la serrure.

— C'est bien ce que je pensais, ça ne va pas.

— Nous serions venus jusqu'ici pour une clef qui ne correspond pas ? me dit Sayaka d'un air embarrassé. Tu crois qu'il n'y a pas de lien entre la clef et ce plan ?

— Non, je n'ai pas dit ça.

Nous nous éloignâmes de la porte d'entrée pour faire le tour de la maison. Derrière, la forêt arrivait tout près, et des branchages s'étendaient jusqu'à recouvrir le toit.

Je découvris un panneau métallique de la taille d'une porte à l'exact opposé de l'entrée. Il y avait des charnières sur un côté, il devait donc être possible de l'ouvrir.

— Tu crois que c'est un débarras ? demanda Sayaka juste à côté de moi.

— Peut-être. Mais je me demande comment on peut l'ouvrir.

A première vue il n'y avait pas de poignée, mais à l'emplacement où celle-ci aurait pu se trouver était fixée une petite plaque de laiton de la taille d'une paume. Et cette plaque, comme le panneau un peu plus tôt, représentait le profil d'une tête de lion.

— C'est quoi, ça ?

Sayaka avait tendu la main la première vers cette plaque. Elle l'effleura et la plaque bougea légèrement. Elle étouffa un cri.

Je pris le relais, poussant pour faire glisser la plaque sur le côté. Peut-être parce que personne n'y avait touché depuis longtemps, elle opposa une certaine résistance avant de finir par glisser en grinçant. Une serrure apparut. Nos regards se croisèrent une nouvelle fois.

Contenant mon excitation, j'essayai d'enfoncer la clef à tête de lion. Elle entrait parfaitement. Je la tournai lentement. Il n'y eut aucun bruit, mais je sentis que quelque chose cédait.

Je voulus tirer sur la clef mais elle resta dans la serrure et la porte s'ouvrit en grinçant. Derrière la porte apparaissait un escalier descendant au sous-sol. En bas, c'était l'obscurité totale.

— Une cave, soufflai-je.

Sayaka tourna la clef en sens inverse et l'enleva de la serrure. Puis elle demanda, les yeux fixés sur la clef :

— Pourquoi mon père avait-il la clef du sous-sol et pas celle de l'entrée ?

— C'est ce que nous allons essayer de comprendre.

Elle hocha la tête dans un soupir.

— D'accord.

— Bon, on y va ?
— Sans demander la permission ?
Je répondis par une plaisanterie :
— Tu vois quelqu'un à qui nous pourrions demander ?
Elle secoua légèrement la tête d'un air résigné.
— Allez, on y va.
— Attends un peu.
Elle me prit le bras, baissa la tête et ferma les yeux. Je crois que c'était pour calmer sa respiration et son émotion.
— Excuse-moi. J'ai un peu peur.
— Tu veux que je passe devant, pour voir comment c'est ?
— Non, dit-elle en secouant la tête. J'y vais avec toi. Ce problème me concerne. C'est moi qui cherche une réponse.
J'allai prendre la lampe torche dans la voiture, et nous entreprîmes de descendre l'escalier. Le froid venu d'en bas remontait le long de nos jambes. Il régnait une légère odeur de poussière et de moisi.
Au pied de l'escalier il y avait un espace d'un demi-tatami et, sur le côté, une porte en fer avec une poignée en L. J'appuyai sur la poignée en m'éclairant avec la lampe. Il y eut un déclic, je poussai et la porte s'ouvrit.
Derrière se trouvait une pièce de quelques mètres carrés, avec des murs en ciment. Des toiles d'araignée pendaient du plafond, les murs étaient noirs de moisissures. Du bois et des briques laissés à l'abandon jonchaient le sol. Peut-être les restes de la construction de la maison. Il y avait aussi deux bidons de pétrole lampant de vingt litres, que je

soupesai. L'un était vide, l'autre en contenait encore un peu.

Je voulus allumer la lumière, mais ne vis pas d'interrupteur sur le mur. Il n'y avait pas non plus d'ampoule au plafond. Pas même de prise pour en installer une.

— Le propriétaire de cette maison vient lui aussi avec une lampe torche, fis-je remarquer.

Sayaka se contenta de pencher la tête d'un air perplexe.

Au fond, derrière une porte coulissante posée sur un châssis d'aluminium, il y avait une autre pièce plus petite, ouvrant sur un escalier qui montait. De l'intérieur de la maison, il semblait qu'on accédait au sous-sol par cet escalier. Il n'avait pas été utilisé depuis longtemps, car une épaisse couche de poussière s'était accumulée sur les marches.

— Il y a quelqu'un ?

J'eus l'impression que ma voix se répercutait dans l'espace en haut de l'escalier. Mais il n'y eut pas de réponse.

— C'est bien ce que je pensais, il n'y a personne. Allons voir comment c'est là-haut.

D'après le tapis qui recouvrait les marches, on pouvait supposer qu'il fallait enlever ses chaussures, mais je ne m'en souciai pas.

— On peut garder ses chaussures ? demanda Sayaka d'un air inquiet.

— Si tu veux les enlever, vas-y, mais tes chaussettes seront toutes noires.

Elle hésita un peu, mais finit par me suivre, ses baskets aux pieds.

En haut, un petit couloir s'ouvrait entre deux cloisons. Juste avant la fin du couloir, de chaque côté se découpaient des portes en bois. Et, sur le mur, une fenêtre à châssis d'aluminium. Tout était sombre, sans doute parce que les volets étaient fermés. L'escalier se poursuivait vers le premier étage.

J'ouvris la fenêtre, poussai les volets qui s'ouvraient vers l'extérieur dans le style Kannon. Le soleil n'entrait pas, mais il y avait quand même un peu de lumière. On voyait les fins détails du papier peint à motifs floraux sur fond vert. Au mur opposé à celui de la fenêtre, une nature morte représentant des fruits était accrochée dans un cadre rond.

Prenant d'abord la poignée de la porte du fond, je tirai doucement. Mais des toiles d'araignée qui pendaient devant mes yeux me firent sursauter. J'eus un mouvement de recul et, regardant mieux, je reconnus au centre d'une pièce sombre et étroite la cuvette blanche de toilettes à l'occidentale.

Je me retournai vers Sayaka et lui dis en souriant gauchement :

— Quand même, tomber sur les toilettes à la première porte qui s'ouvre.

— Il y en a dans toutes les maisons, me répondit-elle, les traits légèrement détendus.

Il y avait un lavabo à portée de main, j'ouvris le robinet pour voir, mais rien n'en sortit.

— Ces toilettes semblent hors d'usage, remarquai-je.

Sayaka fit la grimace.

Je refermai la porte des toilettes et je tendis la main vers la poignée de l'autre porte. Je la tournai en poussant, elle s'ouvrit dans un grincement. Je sentis un léger courant d'air frôler ma joue. Comme si un espace longtemps clos venait enfin de s'ouvrir.

Nous avions débouché dans le hall. Sur la droite c'était la porte d'entrée, et en face une porte vitrée avec des motifs. A gauche, un mur devant lequel une jarre décorative à deux poignées était posée sur un socle.

— Tu veux bien ouvrir l'entrée ? Ce sera plus facile pour aller et venir.

— D'accord.

Sayaka enjamba le tapis recouvert de poussière au point que les motifs en étaient invisibles, et descendit dans la partie basse de l'entrée, là où l'on se déchausse. De mon côté j'ouvris le placard à chaussures le long du mur. Il contenait deux paires de chaussures de sport, une paire de chaussures de cuir noir et des escarpins marron. Quatre paires seulement, pour une aussi grande maison, c'était étrange. Enfin, si cette maison était habitée.

— Euh, s'il te plaît…

Sayaka m'appelait.

— Qu'est-ce qu'il y a ? La clef ne marche pas ?

— Ce n'est pas ça. Elle marche mais… Elle la faisait tourner bruyamment. Elle marche mais la porte ne s'ouvre pas.

— Comment ça ?

J'éclairai la porte avec la lampe torche. Et involontairement je m'exclamai :

— Qu'est-ce que c'est que ça ?

La porte était fixée aux quatre coins avec des ferrures tenues par de gros boulons. Impossible de l'ouvrir dans ces conditions.

— Pourquoi c'est comme ça ?

— Je ne comprends pas.

Les mains sur les hanches, je regardais les ferrures et les boulons qui paraissaient d'une solidité à toute épreuve.

— Au moins une chose est claire. La seule entrée de la maison est celle du sous-sol par où nous sommes passés. La clef à tête de lion était pour ça.

— Mais pourquoi faire quelque chose d'aussi peu pratique ?…

— Sans doute par précaution, pour éviter les intrus. Mais, à ce point-là, je crois que c'est encore plus gênant pour les propriétaires.

Je croisai les bras, renonçant à chercher une explication rationnelle. Je regardai machinalement le cadre accroché au-dessus du placard à chaussures. C'était une peinture qui représentait un port quelconque. Plusieurs yachts y étaient à l'ancre. Soudain, une curieuse sensation de malaise émergea au fond de mon cerveau. Mais je ne savais pas d'où provenait ce trouble.

— On va voir les autres pièces ? proposa Sayaka.

Ma réflexion s'arrêta là.

— Oui, allons-y.

Sans quitter nos chaussures, nous revînmes dans le hall et poussâmes la porte vitrée. Elle s'ouvrit en grinçant.

La pièce ressemblait à un salon. Haut de plafond, car il y avait une mezzanine. Un sofa et une table au centre, un piano droit contre le mur, dans un coin une cheminée en brique reliée au toit par un conduit.

Il y avait trois interrupteurs sur le mur juste à côté de la porte. J'appuyai mais aucune lumière ne daigna s'allumer. Ce n'était pas grave s'il ne s'agissait que du disjoncteur, mais si, comme l'eau, l'électricité était coupée, c'était plus embêtant.

J'entrai dans la pièce en éclairant le sol avec la torche. Il y avait un tapis à poils longs qui paraissait chaud. On avait l'impression que quelque chose nous attendait là, blotti dans l'ombre.

— Il fait noir, j'ai peur, dit Sayaka qui me tenait le bras.

— Ouvrons la fenêtre.

Elle donnait sans doute au sud, car il s'agissait d'une double baie coulissante. Nous l'ouvrîmes, ainsi que les panneaux de bois des volets traditionnels. Je pensais qu'une lumière aveuglante allait pénétrer dans la maison, mais ce ne fut pas vraiment le cas. Le ciel avait commencé à se couvrir. Je me suis rappelé que Sayaka m'avait parlé de risque de pluie ce soir-là.

Le salon était quand même suffisamment éclairé pour ne plus avoir besoin de la lampe torche. Je regardai à nouveau l'intérieur de la pièce. La table comme le piano, tout était recouvert de poussière. Sur le piano était posée une poupée française qui portait des vêtements bordeaux. Une poupée aux cheveux longs, qui nous regardait. Ses cheveux et ses épaules étaient légèrement blanchis par la poussière.

De la porte par où nous étions entrés jusqu'à l'endroit où nous nous trouvions, on voyait nettement nos traces de pas. Il n'y en avait pas d'autres. Ce qui signifiait que personne n'avait marché ici depuis longtemps.

Au-dessus de la fenêtre était accrochée une pendule ronde, arrêtée sur onze heures dix. Je consultai ma montre. Il était treize heures cinq.

Sayaka s'approcha du piano, jeta un coup d'œil à la partition sur le pupitre. Elle était également recouverte de poussière.

— Beyer, murmura-t-elle.

Je savais qu'il s'agissait d'études pour débutants.

— Cela signifie que quelqu'un a commencé à apprendre le piano dans cette maison, ou plus exactement "avait".

Sayaka tournait les pages de la partition d'un air concentré. A l'exception de la page restée ouverte, tout le reste était entièrement neuf, mais la bordure avait un peu jauni.

— Quelle étrange maison, dis-je. Il est clair que personne n'a vécu ici depuis un certain temps. Mais ça n'a pas l'aspect d'une résidence secondaire.

Toujours plongée dans la partition, Sayaka ne répondit pas.

— Il y a un problème avec cette partition ? questionnai-je.

Elle gardait le silence. Bientôt elle fronça les sourcils comme si elle avait mal à la tête et appuya ses doigts sur ses tempes.

Je renonçai à lui adresser la parole, j'étais inquiet de la voir ainsi. Je pensai alors que notre venue commençait déjà à porter ses fruits.

Mais bientôt elle baissa les bras. Je compris que ses forces la quittaient.

— Sayaka…

— Excuse-moi, dit-elle sans me regarder, j'ai cru pouvoir me souvenir de quelque chose. Mais ce n'était qu'une illusion. Je t'ai fait peur.

— Ce n'était peut-être pas une illusion, lui dis-je. Il ne faut pas s'impatienter. Nous avons tout le temps.

— Tu as raison, mais tu crois vraiment qu'il y a quelque chose dans cette maison ? On dirait plutôt qu'elle est hantée. Et, même s'il y avait quelque chose, tu crois que je pourrais trouver ? Mais je ne devrais pas dire ça, puisque c'est moi qui t'ai entraîné jusqu'ici.

— Je savais que ce ne serait pas facile, commençai-je avant de continuer en désignant sa tête, dans la mesure où tu veux déverrouiller tout ce qu'il y a là-dedans depuis vingt et quelques années.

— Ce serait tellement bien si elle n'était pas verrouillée, me répondit-elle en portant sa main à sa tête avec un petit rire découragé.

Je regardai distraitement le piano. Et je sursautai en croisant le regard de la poupée.

5

Nous ouvrîmes la porte qui conduisait à une autre pièce. Il y avait un petit couloir d'à peine un mètre qui permettait d'accéder à la salle à manger. On apercevait au bout une table pour quatre personnes. Au centre de la table, un pot avec une plante verte décorative. Artificielle, certainement.

Le long du mur, un plan de cuisine en forme de L. Sur l'évier, deux tasses et deux soucoupes. Cela donnait l'impression que le temps s'était arrêté brusquement.

A côté de l'évier un vieux réfrigérateur à deux portes puis une étagère à vaisselle. Sur l'étagère, des assiettes petites et grandes, des verres, des tasses et des bols, le tout rangé sans ordre précis. Je regardai aussi dans le tiroir. Il contenait des couteaux et des fourchettes étincelants.

Non loin de la table, un porte-revues avec un magazine dedans. Je le pris pour voir. Il était plein de photos de locomotives à vapeur. La date de publication remontait à une vingtaine d'années.

— C'est une vieille revue. Je me demande pourquoi elle est là, dis-je.

Sayaka pencha la tête d'un air perplexe.

Je regardai au dos de la couverture. On y lisait, écrit en tout petit au crayon : "500 yens". Le mystère était résolu.

— Quelqu'un a dû l'acheter dans une librairie d'occasion. Il doit y avoir un passionné de locomotives dans les parages, dis-je en remettant le magazine dans le porte-revues.

— C'est bizarre quand même.

— Quoi ?

— De trouver ce genre de magazine dans une salle à manger.

Sur le coup, je ne sus quoi répondre, puis je dis d'un ton léger :

— Chacun fait ce qui lui plaît.

Sayaka n'ajouta rien.

En face du plan de cuisine, il y avait une cloison coulissante. En l'ouvrant, nous découvrîmes une pièce traditionnelle de six tatamis. Dans un coin, l'alcôve. Avec un dessin à l'encre de Chine accroché au mur. J'aurais été bien incapable de dire s'il avait ou non de la valeur. Au centre de la pièce, une petite table basse.

Ne pouvant tout de même pas marcher en chaussures sur les tatamis, nous les enlevâmes et les laissâmes sur le seuil. Les nattes étaient froides et humides, mais heureusement il n'y avait pas de moisissures.

Nous commençâmes par ouvrir les fenêtres. Désormais la lampe torche n'était plus nécessaire au rez-de-chaussée.

Sur la table basse, une boîte à cigarettes était posée sur un napperon, à côté d'un cendrier en métal. J'ouvris la boîte. Elle en contenait dix. De la marque Miné.

— Des Miné, ça existe encore ? dis-je.

J'en sortis une, que je reniflai. Elle ne sentait presque plus le tabac.

— Viens voir, lança Sayaka de la cuisine.

— Qu'y a-t-il ?

Je quittai la pièce traditionnelle et remis mes chaussures.

— Regarde.

Elle désignait la pendule octogonale tout à fait ordinaire accrochée au-dessus de la porte qui donnait sur le salon.

— Eh bien quoi ?

— Tu ne trouves pas ça bizarre ? Elle indique aussi onze heures dix. Exactement comme celle du salon.

J'ouvris la porte pour regarder à nouveau la pendule du salon. Sayaka avait raison.

— Qu'est-ce que ça signifie ? Il est quasiment impossible que deux pendules s'arrêtent exactement à la même heure.

— Pas entièrement impossible. En termes de probabilités, il y a une chance sur sept cent vingt pour que ce soit identique jusqu'aux minutes. Il suffit de multiplier douze par soixante. Mais il est effectivement plus logique de penser que cela a été fait intentionnellement.

— Tu crois que ce onze heures dix a une signification ?

— Sans doute que oui. Bien sûr, quand les gens vivent ici, ils font marcher les deux pendules.

A vue d'œil, elles marchaient avec des piles électriques. Le propriétaire les avait sans doute enlevées avant de partir la dernière fois qu'il était venu. Et il les avait réglées sur onze heures dix…

Mais réfléchir à cela, je ne sais pourquoi, me rendit nerveux. Il y avait quelque chose que je ne comprenais pas et qui m'angoissait.

— Qu'importe, allons au premier, proposai-je à Sayaka, qui acquiesça d'un air soucieux.

Nous revînmes au salon pour passer dans le couloir et retrouver l'escalier. Je découvris alors le compteur électrique le long de l'escalier. Je relevai la manette du disjoncteur, mais rien ne se passa.

— Mince alors, soupirai-je, on dirait que la maison a été abandonnée par son propriétaire.

— Peut-être qu'il n'avait plus l'intention de venir.

— J'en ai bien l'impression. Il n'y a pas d'eau non plus.

Nous avons monté l'escalier en éclairant le sol à nos pieds. Tout en haut, il y avait une porte à gauche, et à droite un couloir étroit. Il y régnait un calme abyssal.

J'ouvris d'abord la porte la plus proche. Je supposais qu'il ferait complètement noir dans la pièce, mais il y entrait un peu de lumière. En face il y avait une fenêtre par laquelle on avait vue sur le salon.

La pendule ronde de tout à l'heure était visible de biais.

La pièce devait faire environ quatre tatamis et demi. Près de la fenêtre, un bureau était coincé entre un lit et une bibliothèque appuyés aux murs. Sur le lit, un couvre-lit écossais bleu et vert. Je reniflai légèrement. Je sentis une odeur de moisi, comme si la chambre avait été fermée pendant plusieurs années.

— On dirait une chambre d'enfant, ai-je dit en estimant la taille du lit.

— Tu as raison. Et c'est une chambre de garçon, dit Sayaka.

— De garçon ? Pourquoi ?

— Regarde, dit-elle en désignant le cartable accroché sur le côté du bureau, il est noir, pas rouge, c'est forcément celui d'un garçon.

— En effet, acquiesçai-je en hochant la tête d'un air dubitatif, mais, s'il y a un cartable d'écolier, c'est donc qu'il ne s'agit pas d'une résidence secondaire ? Cela signifie qu'il vivait ici.

— Et il aurait disparu tout d'un coup ?

— Pour l'instant, on ne peut rien dire de plus.

D'autres objets montraient que c'était une chambre de garçon : un gant de base-ball sous le lit, et sur le bureau un dinosaure en plastique mou. Le gant était recouvert de poussière mais ne portait presque pas de traces d'utilisation.

La bibliothèque contenait un grand nombre de magazines consacrés aux locomotives. La revue que nous avions trouvée dans la cuisine devait probablement appartenir à l'occupant de cette chambre. Il y avait aussi, bien en évidence, une encyclopédie en plusieurs tomes. Vingt-quatre en tout. Sinon, une vingtaine de classiques pour enfants. Tous brochés. Ensuite, une dizaine de livres de référence pour la sixième année du primaire, et un certain nombre de livres illustrés et d'albums de photos. Pas une seule bande dessinée.

— On dirait que l'occupant de cette chambre était en dernière année de primaire et, à en juger par sa bibliothèque, c'était un excellent élève.

— Oui, un excellent élève, répéta Sayaka qui regardait le bureau.

Il y avait là un livre et un cahier ouverts. Sur le cahier étaient posés un crayon parfaitement taillé et une gomme, à côté d'un plumier en plastique.

— Il était en plein travail.

— Il serait sorti de chez lui en plein travail, et ne serait jamais revenu… c'est ça que tu veux dire ?

— Je ne sais pas. C'est ce que les circonstances ont l'air de raconter, en tout cas.

Cela me rappelait les tasses à café pas rangées dans la cuisine. C'était la même atmosphère étrange. Comme si le temps s'était brusquement arrêté à l'intérieur de la maison.

— Je ne sais pas, mais c'est malsain, dit-elle en se frottant les avant-bras, je veux bien que les gens qui habitaient ici soient partis, mais laisser tout en plan de cette façon…

— Peut-être qu'ils ont eu un grave problème qui les a obligés à s'en aller en emportant le minimum. Ils auraient déménagé à la cloche de bois.

— Dans ce cas, il n'y a aucune raison de laisser ses cahiers et son cartable, tu ne crois pas ? Il paraît que les parents qui ne savent pas quand leur enfant pourra retourner à l'école lui font emporter son cartable pour qu'il puisse étudier par lui-même en attendant. C'est une amie qui travaille dans une société de crédit qui m'a dit ça.

— Oui, tu as sans doute raison.

Je déplaçai la chaise pour ouvrir le tiroir du bureau. Il contenait du petit matériel scolaire, genre compas ou équerre. Dans les deux autres tiroirs il y avait d'un côté des cahiers neufs, de l'autre des pastels et une boîte de peinture.

Sayaka prit le manuel ouvert sur le bureau. C'était un livre de mathématiques. Des motifs géométriques ornaient la couverture.

— Ah ! s'écria-t-elle, surprise, en regardant au dos de la couverture, qu'elle me montra. On y lisait la date de publication.

En la voyant, je compris son étonnement. Le manuel datait de vingt-trois ans.

Nous nous regardâmes quelques instants sans rien dire. Le cadre de la fenêtre se reflétait dans ses yeux.

— Impossible, dis-je. Si cette maison était vraiment inhabitée depuis vingt-trois ans, elle devrait être bien plus délabrée. Dans l'état où elle est, on a l'impression qu'elle a été abandonnée il y a deux ou trois ans, pas plus.

— Mais l'occupant de cette chambre a disparu il y a vingt-trois ans, c'est une réalité.

— Je ne crois pas que ce soit une bonne chose de tirer des conclusions à partir de la seule date de publication d'un manuel scolaire.

Je feuilletai le livre avant de tendre la main vers le cahier. J'enlevai le crayon posé dessus, et à cet endroit seul il n'y avait pas de poussière.

Sur la page ouverte, il était écrit au crayon : "S'il n'y a que des cerfs, le nombre de pieds est de 26 x 4 = 104. Comme il n'y a que 84 chaussures il en manque 104 – 84 = 20. Donc il y a 20 : 2 = 10 singes." C'était le célèbre "problème de la tortue et de la grue". Dans cet exercice, les tortues et les grues avaient été remplacées par des cerfs et des singes.

En feuilletant les pages précédentes, je m'aperçus que les problèmes étaient tous résolus avec méthode. L'écriture n'était pas parfaite, mais pas illisible non plus. D'abord, il n'y avait pas d'erreurs ni d'omissions dans les caractères chinois. C'était bien la preuve que l'occupant de cette chambre était un excellent élève.

J'examinai enfin la couverture, et fus pris d'un sursaut.

Il y était écrit : "Mathématiques, sixième année classe 1, Yusuke Mikuriya".

Je regardai Sayaka. Ses yeux étaient eux aussi rivés sur la couverture du cahier.

— Ce nom te dit quelque chose ?

— Mikuriya, Yusuke, épela-t-elle, syllabe après syllabe, et elle baissa les paupières. Elle semblait essayer de toutes ses forces de se souvenir de quelque chose.

— Tu as entendu ce...

— Pardon, tais-toi un peu, m'interrompit-elle brusquement.

Je gardai le silence.

Quelques minutes s'écoulèrent ainsi. Elle poussa un gros soupir et secoua le haut du corps comme si elle se balançait.

— Non, ça ne me revient pas.

— Tu as l'impression de connaître ce nom ?
— Oui. Mais je me trompe peut-être. Il se peut que je confonde.

Sourcils froncés, elle appuyait sur ses tempes du bout des doigts.

— Ou tu aurais entendu ton père prononcer ce nom ?
— Oui, peut-être. Mais... ça m'échappe.

Elle se passa les mains dans les cheveux.

— Ce n'est rien, dis-je en lui donnant une petite tape sur l'épaule. Au moins, nous avons maintenant la preuve que la famille Mikuriya vivait ici. Allons voir dans les autres pièces.

Nous abandonnâmes les cahiers et les livres, et quittâmes la chambre.

Nous sortîmes dans le couloir et avançâmes jusqu'au bout. Il y avait une porte que j'ouvris pour voir. Là aussi l'air sentait le renfermé et le moisi. La fenêtre était fermée, mais il ne faisait pas complètement noir. Il n'y avait pas de volets comme au rez-de-chaussée, juste des rideaux tirés. Je jetai un coup d'œil dans la pièce en l'éclairant avec la lampe torche. La première chose qui me sauta aux yeux fut un complet-veston accroché au mur. Comme si quelqu'un se tenait là debout. Je sursautai. Sayaka dut avoir peur elle aussi, car elle poussa un petit cri.

En déplaçant la torche, j'aperçus un rocking-chair, deux lits l'un à côté de l'autre contre le mur et, près de la fenêtre, un télescope. Les taches sur les murs formaient des motifs inquiétants. Tout donnait une impression de lent délabrement. La chaleur que la maison avait dû dégager à une époque avait disparu.

— C'est la chambre des parents, on dirait, dit Sayaka derrière moi.

— Ils formaient donc une famille de trois personnes.

J'entrai, tirai les rideaux et ouvris grande la fenêtre. Un air humide s'engouffra, soulevant la poussière.

Sayaka s'approcha du rocking-chair et prit un objet posé dessus. On aurait dit un vieux chiffon mais ce n'en était pas un. Un fil en partait, relié à une pelote de laine qui avait roulé sur le sol. Bleu-gris, mais peut-être bleu vif à l'origine.

— Quelqu'un tricotait une écharpe ?

— Non, je crois plutôt que c'est un pull, dit Sayaka en me le montrant. Tu vois, c'est rond. C'est l'encolure.

— C'est drôlement petit.

— Une taille d'enfant. Elle devait tricoter pour son fils.

— Un pull pour Yusuke ?

— Sans doute, dit-elle en replaçant le tricot sur le rocking-chair avec des gestes délicats. Tu penses que la mère de Yusuke a disparu alors qu'elle était en train de tricoter ?

— C'est possible.

Sayaka avait dû l'effleurer, car le rocking-chair se balança doucement. Je me fis la réflexion que c'était la première fois que quelque chose bougeait depuis que nous étions entrés dans la maison.

Je regardai à nouveau tout autour de la pièce. Il y avait une bibliothèque, avec très peu de livres. Pensant que les parents n'étaient pas aussi grands lecteurs que leur fils, je m'approchai pour regarder le dos des livres et notai une chose surprenante. Avec en tête les six Codes japonais, il y avait des livres spécialisés dans le droit civil et pénal. Le père était-il donc un homme de loi ? Si c'était le cas, les livres étaient trop peu nombreux.

— Je ne comprends pas très bien, dis-je. Il y a bien des traces de personnes ayant vécu ici. Mais j'ai l'impression qu'il manque quelque chose d'essentiel. Comment dire, c'est difficile à expliquer, mais je sens un décalage.

— C'est pareil pour moi.

Sayaka se dirigea vers le petit bureau placé contre le mur. Dessus, entre deux serre-livres, il y avait quelques exemplaires d'ouvrages spécialisés. Sans leur manifester un intérêt particulier, elle ouvrit le tiroir du haut et en sortit quelque chose.

— Qu'est-ce que c'est ?
— Des lunettes.

Elle me montra une paire de lunettes rondes à monture argentée. Elle en regardait les verres d'un air dubitatif.

— On dirait des lunettes de presbyte.

Je m'approchai pour les prendre. Les verres étaient convexes. Ils corrigeaient peut-être une hypermétropie, mais on pouvait aussi en déduire que le jeune Yusuke était peut-être un fils unique né d'un couple âgé.

— Il n'y a rien d'autre qui puisse nous renseigner ? demandai-je en désignant le tiroir.

— Après…, répondit-elle en plongeant la main dedans, et elle en sortit un objet métallique rond relié à une chaîne.

Je compris aussitôt de quoi il s'agissait.

— Une montre de gousset, ce n'est pas courant.
— Il y a un couvercle. Comment ça s'ouvre ? Ah, voilà.

Sayaka appuya avec le pouce sur le rebord métallique, il y eut un déclic et le couvercle s'ouvrit brusquement. En même temps la poussière collée dessus se détacha. Elle rentra le menton pour l'éviter, mais en découvrant le cadran elle s'immobilisa. Elle ne cillait pas.

— Qu'y a-t-il ? lui demandai-je.

Elle tourna lentement le cadran vers moi. Un cadran blanc avec des chiffres romains, dont la grande aiguille, la petite et la trotteuse, manifestement faites à la main, étaient arrêtées.

Elles indiquaient onze heures dix.

6

De l'intérieur du café, les pins qui se dressaient devant la façade masquaient une partie du lac de Matsubara. De temps à autre, un pédalo en forme de cygne apparaissait entre les arbres. On pouvait penser que les clients étaient peu nombreux pour un week-end, mais c'était peut-être parce qu'on était hors saison ou que le temps était incertain. Ou peut-être que la situation était normale, après tout. A son comportement derrière le comptoir, la patronne du lieu n'avait pas l'air particulièrement désœuvrée ce jour-là. Le café pouvait accueillir une dizaine de personnes, et à part nous, il n'y avait qu'un couple d'amoureux et une petite famille.

Nous avions quitté la maison pour aller déjeuner et, à force de chercher un endroit où quelqu'un pourrait nous servir à manger, nous avions fini par nous retrouver au bord du lac.

— Bon…, commençai-je après avoir bu une gorgée du café qui suivait le porc pané au curry, qu'est-ce qu'on peut dire de cette maison ?

— Yusuke Mikuriya et sa famille y habitaient, et un jour ils ont brusquement disparu. C'est tout ce qu'on sait, me répondit Sayaka en repoussant son pilaf aux crevettes mangé aux deux tiers et son thé au lait à moitié bu.

— Non, nous avons d'autres éléments de réflexion. D'abord, ton père possédait la clef du sous-sol. Ensuite, il y a ce onze heures dix, qui semble avoir une signification.

— Nous savons aussi que la mère de Yusuke était douée pour le tricot, et que son père presbyte travaillait dans le droit.

— Oui, acquiesçai-je avant de continuer. Bien sûr cela peut être le contraire, le père qui tricote et la mère juriste.

Sayaka haussa les épaules dans un soupir.

— Je n'y comprends vraiment rien. Je pense que c'était là que mon père venait de temps en temps, mais pour quoi faire ?…

— Et la maison ne ressemble pas du tout à une résidence secondaire.

La patronne du café, une femme d'une cinquantaine d'années, sortit de derrière son comptoir pour venir débarrasser mon assiette et en profita pour nous resservir en eau. Sa tenue, jean et polo, était plutôt confortable, mais ses lunettes à verres triangulaires lui donnaient l'air sérieux d'une mère très impliquée dans l'éducation de ses enfants.

J'eus soudain l'idée de la questionner :

— Vous habitez ici ?

Elle me répondit tout en essuyant le dessus du comptoir :

— Moi ? Bien sûr que oui.

Je lui parlai de la maison et lui demandai si elle savait quelque chose à son sujet. Mais elle ne paraissait même pas connaître son existence.

— C'est du côté du lotissement ? demanda-t-elle.

— Non, un peu avant. Il y a un chemin étroit qui tourne vers la gauche. La maison se trouve tout au bout.

— Je ne savais pas qu'il y avait une maison là-bas.

Elle baissa la tête et retourna derrière son comptoir. Puis elle ouvrit la porte du fond et répéta ma question à quelqu'un qui devait se trouver à l'intérieur.

Un homme aux cheveux coupés ras apparut bientôt. Il portait un tablier blanc, ce devait être le cuisinier.

— La maison blanche avec une cheminée ? nous demanda-t-il.

— Oui, c'est ça, ai-je acquiescé. Vous la connaissez ?

— Je ne peux pas dire que je la connais. Je sais juste qu'il y a une maison comme ça là-bas.

— Et le nom des gens qui y habitent ?

— Non, j'en ai aucune idée, dit l'homme en secouant la tête. On en a parlé des fois avec des amis. On se demandait quel genre de famille pouvait habiter une maison pareille. Ça fait des années qu'elle est construite, mais on n'a jamais vu personne y vivre. Il paraît qu'avant il y avait des gens, mais des rumeurs courent comme quoi ils seraient tous morts de maladie, ou qu'un riche inconnu l'aurait fait construire pour payer moins d'impôts et qu'il l'aurait laissée en l'état. Mais rien n'est moins sûr.

— Elle est là depuis quand ?

— Voyons voir, dit-il en croisant les bras, au moins dix ans. Peut-être plus. Mais quand même pas vingt ans, quoique, après tout, on n'en sait rien.

— Vous avez dit que vous n'aviez jamais vu personne l'habiter, n'est-ce pas ?

— C'est vrai. C'est pour ça que c'est bizarre. Enfin, ce genre de construction n'est pas rare dans la région. Il n'y a pas si longtemps, il y avait encore des maisons de repos pour le personnel d'entreprises qui ont fait faillite, vous savez. Dans ces endroits-là il n'y avait pas que des bâtiments, mais aussi des piscines et des courts de tennis qui sont restés abandonnés pendant un sacré bout de temps.

L'homme a regardé la patronne en riant avant de se tourner vers nous :

— Et vous, vous êtes concernés par cette maison ? nous demanda-t-il à son tour.

— Non, pas vraiment. Nous voudrions faire une étude géologique dans le coin et, si nous connaissions le propriétaire, nous pourrions le prévenir.

— Une étude géologique ?

— Je suis chercheur à l'université.

Je sortis une carte de mon portefeuille pour lui montrer mon titre. Il y était écrit : "Département de physique de la faculté des sciences", mais l'homme ne sembla pas s'en soucier.

— Dans ce cas, je pense que vous pouvez faire ce que vous voulez, puisqu'il n'y a personne.

— Bon.

— Oui, sans problème, répéta-t-il en hochant plusieurs fois la tête.

Pensant que nous n'en tirerions pas davantage et voyant que nos tasses étaient vides, je me levai en sortant de l'argent de mon porte-monnaie. C'est alors que l'homme ouvrit la bouche, comme s'il se souvenait de quelque chose :

— Ah, c'est vrai, j'ai entendu dire une fois qu'on y avait vu quelqu'un.

— Ah, quand donc ?

— Il y a peut-être quatre ou cinq ans. C'est le livreur du marchand de sushis où je travaille qui s'est trompé de chemin et qui s'est retrouvé là-bas. Il a dit qu'il y avait quelqu'un devant la maison.

— Quel genre ?

— Il me semble que c'était un homme plutôt âgé.

— Un homme ?... Mais ce n'est pas parce qu'il se trouvait devant la maison qu'il en était propriétaire.

— Oui, je crois qu'il a dit qu'il faisait du ménage.

— Du ménage ?

— Oui, avec un balai.

Sayaka demanda tout d'un coup :

— Ce livreur, il serait possible de le rencontrer ?

Son ton était si grave que l'homme eut un léger mouvement de recul.

— C'est que, pour lui, c'était un travail temporaire, et maintenant il n'est plus dans le coin.

— Ah...

Elle me regarda. Je savais bien à quoi elle pensait.

Je remerciai la patronne et l'homme aux cheveux coupés ras, et je payai l'addition.

— C'était certainement mon père, me dit Sayaka dès que, sortis du café, nous fûmes de retour dans la voiture.

— Oui, sûrement. Ça fait un autre mystère résolu.

— Quel mystère ?

— Celui de la propreté relative de la maison. Elle est pleine de poussière mais, si les propriétaires étaient vraiment partis il y a vingt-trois ans, elle devrait être dans un état bien pire.

— Tu veux dire que c'était pour le ménage que mon père venait ici de temps en temps ?

— Il avait peut-être un autre but, mais il devait aussi en profiter pour le faire, tu ne crois pas ?

Sayaka cligna des yeux à plusieurs reprises.

— Je me demande quel est le lien entre mon père et cette maison.

— Cette maison était importante pour lui, c'est évident. C'est pour ça que, même s'il y faisait le ménage, il n'a pas changé la disposition des objets. Tout est resté tel que les propriétaires l'ont laissé, jusqu'aux cahiers sur le bureau et au pull à moitié tricoté.

— On devrait chercher des indices qui nous éclairent sur la relation entre mon père et cette famille.

— Regardons les albums que tu as apportés, proposai-je en démarrant la voiture. Peut-être que la maison apparaît sur une vieille photo.

Nous retournâmes dans la maison grise en passant une nouvelle fois par le sous-sol. Près des bidons de pétrole lampant, je remarquai une boîte contenant des bougies et des allumettes. Je la pris avant de monter l'escalier.

Le jour n'était pas encore tombé, mais le temps était incertain et, malgré les fenêtres ouvertes, il ne faisait pas très clair. Je me fis la réflexion qu'il valait mieux quitter les lieux avant que l'usage des bougies ne s'impose.

Nous recouvrîmes le sofa du salon de la bâche en plastique qui se trouvait dans le coffre de la voiture et nous nous assîmes dessus. Ce n'était pas très confortable, mais cela nous évitait de salir nos vêtements. Nous enlevâmes également avec des mouchoirs en papier la poussière qui recouvrait la table, pour y poser les albums.

Il y en avait deux. Sur la couverture du premier, le dessin d'un animal, sur le deuxième, une petite fille. A la première page, comme Sayaka me l'avait dit, il y avait la photo de la rentrée à l'école primaire. Elle portait un corsage blanc et une jupe bleu marine ; son cartable rouge sur le dos, elle regardait l'objectif comme aveuglée par le soleil.

Ce devait être sa mère qui la tenait par la main. Une femme maigre en tailleur qui évoquait le bon vieux temps. Je me suis rappelé que Sayaka avait dit que sa mère était morte de maladie quand elle était écolière. Peut-être était-elle déjà malade à ce moment-là ? Elle n'avait pas l'air épanouie malgré la cérémonie de sa fille. Seule sa coiffure flottait bizarrement, comme si elle sortait de chez le coiffeur.

— Je n'étais pas une enfant souriante, dit Sayaka.
— Tu ne souriais pas ? Pourquoi ?
— Je ne sais pas. Je ne souris sur aucune photo.

Je tournai les pages. La petite Sayaka était au jardin public, au parc d'attractions. Elle avait de grands yeux qui lui mangeaient le visage et qui devaient certainement la faire remarquer parmi les autres enfants.

Mais, comme elle le disait elle-même, on ne la voyait pas sourire. Sur toutes les photos elle avait l'air inquiet. Comme si on l'avait abandonnée seule dans un monde inconnu.

— Nous n'avons jamais parlé de notre enfance, lui fis-je remarquer en relevant la tête, alors que nous sommes restés ensemble six ans. C'est la raison pour laquelle j'ignorais que tu n'avais pas de souvenirs d'enfance.

— C'est que l'occasion ne s'est jamais présentée. Toi non plus tu ne m'as jamais parlé de ton enfance.

— Il me semble qu'il y avait une sorte d'accord tacite entre nous sur le fait de ne pas parler du passé.

— Ni de l'avenir, ajouta-t-elle sur un ton un peu plus froid.

Je faillis lui demander si c'était la raison pour laquelle elle avait choisi un autre homme. Quelqu'un qui envisageait sérieusement l'avenir. Bien sûr je ravalai mes mots.

Je me plongeai à nouveau dans l'album. Je tournais les pages à la recherche de la maison où nous nous trouvions. A mes côtés, Sayaka s'était mise à chercher dans l'autre album à son tour.

Mais il n'y avait pas une seule photo de la maison. Pas même des alentours.

— Il va sans doute falloir que nous remontions à la période d'avant ton entrée à l'école si nous voulons comprendre le lien qui unit cette maison à ton père.

— Et à moi.

— Exactement.

Nous décidâmes de reprendre les albums au début. Le père de Sayaka n'apparaissait qu'à partir de la troisième page. Une chemise ouverte à manches courtes et une casquette de chauffeur légèrement de biais sur la tête semblaient lui tenir lieu de signe de reconnaissance. Il y avait une photo où, devant l'entrée d'une maison, le père et la fille se tenaient l'un à côté de l'autre. Etait-ce sa mère qui l'avait prise ? Je reconnaissais cette entrée. C'était à Ogikubo, où elle vivait. Je la raccompagnais souvent après nos rendez-vous. Il n'y avait pas grande différence avec ce que je voyais à l'époque. Si ce n'est que la maison paraissait peut-être un peu plus neuve.

Et pourtant si, me suis-je dit. Il y avait une différence.

— Le pin n'y est pas.

— Hein ?

— Le grand pin, tu sais ? Celui qui était planté à l'entrée. Je m'en souviens très bien.

Sayaka regarda la photo, acquiesça aussitôt.

— Il me semble que cet arbre a été planté au moment où j'ai commencé à fréquenter l'école primaire. On doit le voir un peu plus loin sur les photos.

En effet, après quelques pages, sur les photos de l'hiver de cette année-là, le pin était présent. Cela signifiait qu'il avait été planté au cours de l'été ou à l'automne.

— Je me demande pourquoi ils ont choisi un pin.

— Eh bien…

Sayaka paraissait perplexe.

— Vous avez toujours vécu à Ogikubo, ta famille et toi ?

Sayaka garda le silence et pencha la tête, perplexe.

— Non ? insistai-je.

— Je crois que non, dit-elle sur un ton qui manquait de conviction.

— Vous avez déménagé alors ?

— C'est ce que j'ai entendu dire. Il paraît qu'avant on était à Yokohama.

— Jusqu'à quand ?

— Je ne sais pas précisément. Sans doute quand j'étais bébé.

— Mais si ça se trouve, ai-je commencé en tapotant la photo du bout du doigt, vous avez emménagé ici juste avant la rentrée scolaire. C'est logique de planter un arbre quand on arrive dans une nouvelle maison.

Sayaka n'en revenait pas.

— Je n'avais jamais pensé à ça…

— Si vous avez déménagé, c'est certainement enregistré sur la fiche de citoyenneté.

— Oui, je me rappelle que c'est inscrit, mais je n'ai jamais fait attention à la date. Ça ne m'intéressait pas spécialement.

— Peut-être qu'il s'est passé quelque chose là où vous habitiez avant.

— Quelque chose que j'aurais effacé de ma mémoire ?

— Oui.

Elle se mit à réfléchir, sourcils froncés. Elle avait l'air à la fois mal à l'aise et inquiète.

— Tu ne sais pas où vous habitiez à Yokohama ?

— Dans l'arrondissement de Midori, je crois. Mais je n'en suis pas sûre.

— Tes parents ne t'ont jamais parlé de cette époque ?

— Non, dit-elle dans un soupir. Tu penses que c'est bête ? Tu te demandes comment j'ai pu vivre jusqu'à présent sans rien savoir ?

— Tu sais, moi aussi, il y a plein de choses que j'ignore concernant ma famille. C'est difficile à croire, mais je ne connais même pas le nom de mes grands-parents.

— Moi non plus. Et je ne les ai jamais vus.

— Ma grand-mère a vécu jusqu'à mon entrée au collège. Mais je n'avais pas besoin de savoir son nom. J'appelais "grand-mère" et elle me répondait.

C'était un peu facile comme humour, mais Sayaka esquissa un sourire.

— Et tu n'as pas d'autres parents ?

— Je ne crois pas. A mon mariage on a voulu prendre une photo avec toute la famille, mais ça avait tellement peu d'allure qu'il a fallu demander aux amis de se joindre à nous.

— Hmm.

Je baissai les yeux sur l'album. En imaginant Sayaka en robe de mariée, j'éprouvai un peu de difficulté à respirer. Elle dut deviner mes sentiments, car elle garda le silence d'un air désolé. Je relevai la tête et lui dis en m'efforçant d'avoir l'air joyeux :

— La cérémonie s'est déroulée à l'église ?

— Oui.

— C'est bien ce que je pensais. La robe de mariée devait t'aller à merveille.

— Pas tant que ça.

Elle eut un petit rire.

— Mais les parents de ton mari n'ont pas trouvé bizarre que tu n'aies pas de famille ?

— Eh bien non, justement. Ils avaient l'air plutôt contents. Certains parents sont pénibles, ils font des histoires pas possibles pour des questions de tradition qui n'en valent pas la peine. Avec moi ils étaient tranquilles.

— Je vois, acquiesçai-je en pensant que c'était fréquent.

Je tendis la main vers le second album. La photo de la première page avait été prise au Nouvel An. Serrée dans un kimono, Sayaka se tenait devant le grand portail d'un sanctuaire shinto. Mais à côté d'elle se trouvait une personne qui apparaissait pour la première fois. Une dame d'environ soixante-dix ans qui portait un kimono gris soyeux.

— Qui est-ce ? demandai-je en pointant la photo.

— Aah, cette vieille dame, dit-elle et son visage se détendit. Elle venait souvent à la maison autrefois. Mon père m'a dit qu'elle avait toujours été très gentille avec nous.

— Et maintenant ?

— Elle est décédée. Si je me rappelle bien…, commença-t-elle en baissant la tête, j'étais alors en première année de collège. Je me souviens d'avoir assisté à ses funérailles.

Je tournai les pages de l'album. On retrouvait la vieille dame ici ou là.

— Comment s'appelait-elle ?

Sayaka secoua la tête.

— A vrai dire, je ne l'ai jamais su. C'est comme pour toi. Il me suffisait de l'appeler "grand-mère".

— Grand-mère…

Sur toutes les photos, la vieille dame portait des kimonos qui paraissaient luxueux. Ses magnifiques cheveux gris étaient toujours parfaitement arrangés. Elle semblait ne pas habiter le quartier, elle donnait plutôt l'impression de venir de loin.

— Où habitait cette dame ?

— Ça...

— Tu es bien allée aux funérailles ? Où était-ce ?

— Tu sais, je me suis contentée de prendre place dans la voiture que papa conduisait, je ne sais pas où c'était, dit-elle d'un ton abattu, je suis désolée.

— Tu n'as pas à t'excuser.

Je souris gauchement et continuai à tourner les pages de l'album. La dernière photo représentait Sayaka en uniforme, devant chez elle, dans une pose cérémonieuse. Elle venait sûrement d'entrer au collège.

— L'uniforme de collégienne te va bien, remarquai-je d'un ton léger avant de refermer l'album.

— Peut-être que... la grand-mère a habité dans cette maison ? Dans ce cas mon père venait peut-être faire le ménage chez quelqu'un dont il était proche. Autrement, je ne vois pas.

— Hum, approuvai-je. C'est un raisonnement logique.

— Il y a peut-être ici quelque chose qui nous permettrait de le prouver ?

— Allons voir à l'étage.

Nous avions décidé d'inspecter en premier la grande pièce à l'étage. Si le raisonnement de Sayaka était juste, la vieille dame sur la photo était la mère du petit Yusuke. C'était également elle qui, assise sur le rocking-chair, aurait tricoté un pull. Si Yusuke avait été en dernière année d'école primaire vingt-trois ans auparavant, cela signifiait qu'il y avait un écart d'âge important entre la mère et le fils, et cela plaidait aussi en faveur des lunettes de presbyte que Sayaka avait trouvées un peu plus tôt.

Sayaka se remit à fouiller dans le bureau où se trouvaient les lunettes et la montre de gousset. Elle posa sur la table un stylo à plume puis une loupe.

Je m'approchai du costume suspendu au mur. La poussière l'avait blanchi et il était sévèrement mangé par les mites, mais à l'origine il avait sans doute été d'un magnifique marron foncé. Sous la poche intérieure de la veste étaient brodés les caractères chinois du nom "Mikuriya".

Je fouillai ensuite la penderie. Il y avait deux autres complets et sur un cintre une robe simple plutôt destinée à une femme âgée. Je regardai à l'intérieur des vestes, mais aucun nom n'y était brodé.

Il y avait un tiroir en bas de la penderie, que j'ouvris. Il contenait une Bible. Je la feuilletai rapidement et découvris entre les pages deux morceaux de papier qui ressemblaient à des tickets d'entrée. L'encre avait pâli, mais je parvins à déchiffrer le mot "zoo", et aussi "adulte" sur l'un et "enfant" sur l'autre. Le père et le fils, sans doute.

Après la penderie, je vérifiai le placard. Un tout petit placard pas plus grand qu'un demi-tatami. Cela ne faisait pas beaucoup d'espace de rangement pour une pièce de cette taille.

Ce placard contenait de petites boîtes et des sacs en papier. Je les examinai l'un après l'autre, ils étaient tous vides.

A mesure que j'enlevais les boîtes et les pochettes, je discernai quelque chose au fond. Un coffret métallique vert. Je tendis le bras pour le soulever, mais il était plus lourd que je ne le pensais.

En déplaçant les pochettes et les boîtes autour, je compris qu'il s'agissait d'un coffre-fort. Les poches en papier et les boîtes vides faisaient à l'évidence office de camouflage. J'appelai Sayaka pour le lui montrer.

— Tu peux l'ouvrir ? me demanda-t-elle.

Je tirai sur la poignée. Le couvercle ne bougea pas d'un pouce.

— Il est fermé à clef.

Le système de combinaison était simple, mais pas au point de pouvoir l'ouvrir avec des chiffres pris au hasard.

— Il n'y a plus qu'à le forcer. Mais est-ce que les outils qui sont dans la voiture suffiront ?

— Il faut un code ?

— Oui. Ton père ne t'a rien laissé qui y ressemblerait ?

— Non.

Je soupirai, réfléchissant au moyen d'ouvrir ce coffre.

A côté de moi, Sayaka tâtait machinalement le tissu du veston.

— Il est vieux, murmura-t-elle.

Puis elle poussa un petit cri.

— Que se passe-t-il ? demandai-je en me retournant.

— Il y a quelque chose.

Elle avait plongé la main dans la poche intérieure et elle en sortit un portefeuille en cuir noir. Elle y prit quelques billets et me les montra. Deux billets de dix mille yens à l'effigie du prince Shotoku, et trois billets de mille avec le portrait de Hirobumi Ito.

— Les billets sont anciens.

— Quand ont-ils changé ?

— Il y a douze ou treize ans, je crois.

— Alors ce portefeuille n'a pas servi pendant tout ce temps.

— Non.

— Ah, il y a autre chose.

Elle avait sorti de l'autre poche un morceau de papier de la taille d'une demi-carte de visite. Une photo en noir et blanc. Après l'avoir regardée un moment, elle me la tendit.

Un garçon d'environ cinq ans jouait dans un bac à sable, et regardait droit vers l'objectif. Il donnait l'impression d'être très intelligent.

— C'est certainement Yusuke, dit Sayaka.

— On dirait. Tu le connais ?

— Non. Mais…

Elle reprit la photo, pencha la tête, perplexe.

— … J'ai l'impression de l'avoir déjà vu quelque part.

— C'est possible aussi que tu l'aies rencontré non pas enfant mais adulte. Il n'y a personne qui lui ressemble parmi les hommes que tu connais ?

Elle observa encore un moment la photo. Mais finalement elle secoua la tête.

— Son visage ne me dit rien…

— Ah. Au fait, il y a de la monnaie dans le portefeuille ?

— De la monnaie ? Je ne crois pas. Pourquoi ?

— Il y a toujours une date sur les pièces de monnaie. Elle pourrait nous aider à cerner l'époque, dis-je en fouillant les vêtements de la penderie. Je n'y trouvai pas d'autre portefeuille ni de porte-monnaie.

J'eus l'idée de comparer le pantalon à ma taille. Celui qui l'avait porté était beaucoup plus petit que moi. Mais le tour de hanches était standard.

— Peut-être trouverons-nous de l'argent dans la chambre de Yusuke, dit Sayaka.

— Oui. Bon, on arrête pour cette chambre et on va dans l'autre.

Nous sortîmes pour retourner dans la chambre d'enfant.

— Essayons de ne pas tout déranger. Il y a peut-être une raison pour que le temps se soit arrêté à un moment précis, dis-je à Sayaka en entrant dans la chambre.

— Oui, tu as raison, me répondit-elle.

Nous examinâmes de nouveau le bureau et la partie supérieure de la bibliothèque du garçon pour chercher une tirelire, mais nous ne trouvâmes rien.

— Il a dû l'emporter en partant.

— Et ce qu'il y avait dans la poche de la veste ?

— Ne doit-on pas le considérer comme un simple oubli ?

— Tu crois ?... commença-t-elle en effleurant du doigt le dos des livres de la bibliothèque. Tu penses qu'il n'a pris que son argent pour disparaître avec sa famille ? Sans emporter ses précieux livres sur les locomotives ?

— Peut-être qu'il a pris ses livres préférés et qu'il a laissé ceux-là.

Sayaka n'avait pas l'air convaincue. Finalement elle sortit un livre de la collection de contes pour enfants. Il s'agissait du "Prince mendiant".

— La publication date d'il y a vingt-trois ans, dit-elle en me montrant la date d'impression. Comme ses livres de classe.

— Et les autres ?

Nous en prîmes deux ou trois pour voir. Ils dataient tous de la même époque. Les magazines également. Aucun livre n'avait moins de vingt-trois ans.

— C'est clair, non ? Cela signifie que les habitants de cette maison ont disparu il y a vingt-trois ans.

— Le magazine que nous avons découvert dans la cuisine date d'il y a vingt ans, et en plus il vient d'une librairie d'occasion. Ce qui veut dire qu'il a été déposé là bien après.

— Mais… Sayaka mordillait son pouce.

J'essayais de réfléchir à la situation tout en rangeant les livres que nous avions sortis de la bibliothèque. Si, comme le disait Sayaka, la famille Mikuriya avait disparu vingt-trois ans auparavant, c'était effectivement quelqu'un d'autre qui avait déposé le magazine dans la cuisine. Et ce ne pouvait être que son père. Mais pourquoi aurait-il fait cela ?

En remettant le dernier livre en place, je remarquai un fascicule blanc au dos duquel rien n'était imprimé. Il était resté coincé derrière, ce qui expliquait que nous ne l'ayons pas remarqué plus tôt.

Je le pris, mais il n'avait pas l'air d'un livre ordinaire. Il n'y avait rien sur la couverture. Je l'ouvris, perplexe. Et je ne pus m'empêcher de pousser un cri.

La première ligne de la première page disait ceci :

"5 mai. Temps ensoleillé. Je commence mon journal aujourd'hui."

Les caractères étaient enfantins, ils ressemblaient à ceux du cahier de mathématiques.

CHAPITRE II

1

"C'est papa qui m'a acheté ce journal. Papa dit que je vais apprendre les caractères et que ça aura bien d'autres utilités. Je vais le faire de tout mon cœur. Aujourd'hui c'est le jour des Enfants, alors on a accroché les carpes dans le jardin. Le soir maman nous a préparé un festin. C'était très bien."

C'était le premier jour du journal de Yusuke Mikuriya. Il était difficile de déduire l'âge exact de l'enfant à partir de ce texte. Mais cela donnait l'impression de se dérouler un peu avant la sixième année du primaire, année indiquée par le cahier de mathématiques.

Je continuai ma lecture.

"6 mai. Ensoleillé. Aujourd'hui il y a eu un examen de chant à l'école. J'ai chanté "Les Verts Pâturages". En cours de gymnastique, Fujimoto a failli se blesser au cheval d'arçons. Papa m'a acheté un livre."

"7 mai. Nuageux. Le professeur n'est pas venu. Alors on n'a rien fait de la journée. On s'est bien amusés. Mais, quand je l'ai dit à la maison, papa m'a grondé parce que c'est justement dans ces moments-là qu'il faut bien travailler. J'ai eu un peu mal au ventre pendant le dîner, alors j'ai pris un médicament."

"8 mai. Nuageux. Aujourd'hui le professeur est revenu. Il a dit qu'il avait eu la grippe."

Jusque-là c'était parfaitement écrit. Mais il s'était vite lassé, ou alors n'avait rien à dire, car ensuite il y avait trois jours sans rien. On passait directement au 12 mai.

"12 mai. Nuageux puis ensoleillé. Aujourd'hui il a fait très chaud. Tout le monde se plaignait. Quand on s'est lavé les mains après avoir fait le ménage, c'était agréable de se laver aussi les pieds. Tout le monde voulait aller à la mer. J'aime nager. En rentrant à la maison, maman aussi était en manches courtes."

Ensuite on sautait encore trois jours.

"16 mai. Ensoleillé. Yamada a apporté une maquette à l'école. Elle était pas si bien faite que ça."

Puis la date suivante indiquait le 1er juin. Il n'avait rien écrit pendant presque quinze jours. Il semblait s'en vouloir, à en juger par le texte qui suit :

"1er juin. Nuageux. A partir d'aujourd'hui, je jure de bien tenir mon journal. Papa m'a dit que c'était pas la peine d'en écrire beaucoup, mais qu'il fallait prendre le temps de le faire. C'est pas obligé d'écrire tous les jours, a dit papa. Il faut au moins écrire le samedi et le dimanche soir. C'est pas trop de travail, et je pense que je vais faire comme ça."

Respectant cette déclaration, à partir de là il y avait quelque chose de noté au moins une fois par semaine, le samedi. Assez souvent, il ne notait que le temps qu'il faisait.

— Je me demande s'il a écrit quelque chose au sujet de cette maison.

Sayaka était venue se poster à côté de moi pour jeter un coup d'œil au journal.

— C'est bien pour ça que je cherche dedans, lui dis-je, tournant les pages en les parcourant rapidement. On dirait que c'est bien une famille de trois personnes, avec Yusuke et ses parents. Il n'y a personne d'autre dans le journal.

Un nouveau personnage apparaissait au mois d'août.

"2 août. Ensoleillé, petite pluie. Alors que je m'amusais avec un pistolet à eau, madame Otai a apporté une pastèque. Madame Otai est douée pour choisir les bonnes pastèques. On l'a mangée à trois avec maman. Madame Otai est partie précipitamment en disant qu'elle avait laissé son enfant dormir seule. Les belles-de-jour n'ont pas assez poussé, alors je ne peux pas les dessiner dans mon cahier de dessin."

Cette madame Otai était-elle une voisine ?

— Ça te dit quelque chose, madame Otai ? demandai-je à Sayaka.

Elle secoua la tête en silence.

Je continuais à tourner les pages. Le nom de madame Otai revenait régulièrement. Pour une simple habitante du quartier, elle semblait fréquenter la maison sans se gêner. Et en plus elle aidait aux tâches ménagères. Bientôt, je tombai sur le texte suivant :

"5 octobre. Ensoleillé. Madame Otai a amené une petite fille. Elle est toute petite, comme une poupée. Elle dit qu'elle va au jardin d'enfants. Quand elle sera plus grande et qu'elle ira à l'école primaire, madame Otai viendra nous voir comme avant. Les repas qu'elle prépare sont délicieux, alors je veux vite qu'elle revienne."

On pouvait déduire de ces lignes que cette madame Otai était employée chez les Mikuriya. Ayant eu un enfant, elle se serait arrêtée de travailler. Mais, comme elle venait encore de temps en temps, sa maison devait être assez proche.

Puisque Yusuke n'écrivait dans son journal qu'une ou deux fois par semaine, le temps passait vite à mesure que je tournais les pages. En un rien de temps ce fut la fin de l'année. Noël.

"24 décembre. Ensoleillé avec quelques nuages. Aujourd'hui il a fait très froid. Je grelottais pendant la cérémonie de fin d'études du deuxième trimestre. Mon bulletin s'est amélioré, alors maman m'a fait des compliments. Cette année encore il m'a envoyé un cadeau de Noël. Une maquette de voiture de course. L'année dernière c'était une locomotive. Papa dit que ce n'est pas bien qu'il ne m'envoie que des jouets. Il dit que les livres, c'est mieux. Il a téléphoné et s'est fâché. La nuit tombée, il a neigé."

Sayaka, qui était plongée dans le journal, a relevé la tête.

— Qu'est-ce que ça veut dire, on lui envoyait des cadeaux ? Qui les lui envoyait ?

— Quelqu'un de la famille, un oncle par exemple.

— Est-ce qu'on les appelle pour se fâcher et leur demander de ne pas envoyer de jouets ?

— Hmm…

Sayaka relut le passage avant de se redresser.

— Alors, qui les envoie ?

— Je ne sais pas, c'est pourquoi je te pose la question.

Je tirai la chaise vers moi, enlevai un peu de poussière et m'assis. Comme c'était un modèle pour enfant, je me sentais un peu bas.

— De toute façon c'est un proche pour qu'il puisse se plaindre d'un cadeau fait à son fils. Un frère peut-être, ou un parent ?

— C'est possible qu'il s'agisse des parents du père, approuva-t-elle avant de continuer d'une petite voix, mon mari aussi fait souvent reproche à ses parents de trop gâter notre fille.

— Ah, fis-je sans pouvoir m'empêcher de plonger mes yeux dans les siens, ça arrive. Dans les familles normales.

Sans le vouloir, j'avais parlé sur le ton de la raillerie.

Sans doute en fut-elle blessée, car son regard s'assombrit aussitôt. Je voulus lui dire que c'était une plaisanterie, mais elle prit la parole avant moi.

— La mienne n'est pas normale.

Sa voix était un peu rauque mais son ton était dur.

Je ressentis un vide, et la regardai. Elle me regarda à son tour et continua d'une toute petite voix :

— Excuse-moi. Je ne voudrais pas que tu t'imagines je ne sais quoi.

Je me tus et, pour fuir le malaise qui menaçait de s'installer, me remis à feuilleter le cahier.

— C'est pas rien de lire tout ça.

— Et si tu commençais par jeter un coup d'œil aux dernières pages ? me suggéra-t-elle, ayant retrouvé son ton habituel.

— Très bonne idée.

Je pris le cahier à l'envers en me disant qu'elle avait raison.

Les dernières pages étaient vierges. Le jeune Yusuke était-il parti avant de terminer ce journal ?

Malgré tout, une dizaine de pages avant la fin, son écriture apparaissait encore. La dernière page écrite était datée du 10 février. La veille du jour anniversaire de la fondation de la nation.

Je lus en diagonale, mais quelque chose clochait, si bien que je repris au début. Mon visage se crispa.

— Qu'est-ce qu'il y a ? demanda Sayaka. Qu'est-ce qui est écrit ?

— Je ne sais pas trop, mais c'est un peu bizarre.
— Bizarre ?
— Lis, tu verras.

Je lui montrai le passage :

"10 février, ensoleillé. J'ai eu mal au ventre, mais je suis quand même allé à l'école. Parce que je veux pas rester à la maison. Je voulais en parler au professeur, mais on peut pas faire confiance aux adultes. Le professeur va sûrement croire ce que l'autre dira. Personne croit ce qu'on dit. Et puis après l'autre, il se venge.

"Quand je suis rentré de l'école, il était allongé sur le sofa. Pour pas qu'il me voie, je suis tout de suite monté dans ma chambre. Sur mon lit il y avait Chami qui pleurait comme la dernière fois. L'autre a dû encore lui faire du mal.

"Je peux plus le supporter. Il n'a qu'à mourir."

— C'est qui, l'autre ?…

— Je ne sais pas, mais il est clair qu'à cette époque il vivait ici. Puisque Yusuke ne trouve pas bizarre qu'il soit allongé sur le sofa.

— Ce serait quelqu'un de la famille ?

— Probablement. Mais, d'après ce qu'il écrit, Yusuke ne devait pas le porter dans son cœur.

— On dirait qu'il a subi des mauvais traitements. Au point de vouloir en parler à son professeur.

— Il doit y avoir une raison profonde. Et Chami, c'est sans doute un chat.

— Chami, un chat...

Sayaka pencha la tête, son regard alla se perdre au loin.

— Quelque chose ne va pas ?

— Hmm... une vague impression.

— Tu connais ce chat ?

— C'est possible, mais ça ne me revient pas avec précision. Un chat, je ne vois pas, commença-t-elle en souriant bizarrement. Depuis tout à l'heure, je n'arrête pas d'avoir ce genre d'impression. Et je ne me souviens de rien.

— Pas de panique. On sait dès le départ que la mémoire ne te reviendra pas aussi facilement. En lisant ce journal plus attentivement, on va peut-être trouver des indices.

— Tu as raison.

Sayaka regarda la page qui précédait celle qu'elle venait de lire. Elle était datée du 3 février.

"3 février, nuageux, aujourd'hui c'est la fête de Setsubun. Avant on lançait des haricots secs pour chasser les démons et faire entrer le bonheur dans la maison, mais on le fait plus maintenant. L'autre était encore saoul ce soir. Dehors les démons."

— Je ne comprends pas, dis-je, de qui parle-t-il au juste ? Et puis il n'évoque plus du tout ses parents.

— Finalement, c'est peut-être mieux de lire dans l'ordre depuis le début, proposa Sayaka en poussant un petit soupir. Mais cela risque de nous prendre pas mal de temps. Il fait bien l'équivalent d'un livre, ce journal.

— On pourrait l'emporter. On n'aurait qu'à le lire tranquillement une fois rentrés à Tokyo.

Je venais de faire cette proposition parce que je commençais à avoir peur à l'idée de devoir rester dans cette maison jusqu'à une heure avancée. Je voulais partir au plus tard avant la tombée de la nuit.

Sayaka comprit sans doute ce que je ressentais, car elle répondit par l'affirmative :

— D'accord. Il n'y a rien d'autre à emporter ?

— Tu veux que nous regardions encore une fois dans les autres pièces ? Nous prendrons tout ce qui nous semblera intéressant.

Au moment où nous allions quitter la pièce, il y eut un éclair au lointain. Suivi d'un coup de tonnerre.

— Zut, dis-je. Tu avais raison. Le temps se gâte.

— Oui, on dirait qu'il va pleuvoir.

Elle n'avait pas terminé sa phrase qu'on entendit tomber les premières gouttes. L'intervalle entre chaque goutte se réduisit et, d'un seul coup, la pluie se mit à tambouriner.

— Dépêchons-nous. Ce serait imprudent de rouler de nuit sous cette pluie.

Nous descendîmes l'escalier et refîmes le tour des pièces du rez-de-chaussée. En faisant, petit à petit, de curieuses découvertes.

Par exemple, nulle part dans cette maison il n'y avait de télévision. Vingt-trois ans auparavant, la télévision couleur était déjà répandue. Bien sûr, à cette époque, certaines familles ne l'avaient pas encore.

Mais, dans une maison aussi grande, il aurait été facile d'en installer une quelque part.

Non seulement il n'y avait pas de télévision, mais en plus les appareils électriques étaient peu nombreux. On ne voyait ni lave-linge ni aspirateur. Pas même un téléphone.

— Tu crois qu'ils ont tout emporté quand ils sont partis ? Ou qu'ils ont tout vendu ? questionna Sayaka.

— Si c'est le cas, ils ont laissé des choses de valeur. Ce piano par exemple.

— Peut-être que personne n'en voulait. Mais les appareils électroménagers se vendent bien, en général.

— Tu crois ? Moi je ne peux pas m'empêcher de penser qu'au départ il n'y avait rien de tout cela dans la maison. Prends la télévision, par exemple, s'il y en avait une, où penses-tu qu'elle serait installée ?

— Eh bien, sûrement dans cette pièce, me répondit-elle debout à côté du sofa du salon.

— Et où dans cette pièce, à ton avis ?

Elle regarda autour d'elle. Ses yeux allèrent buter contre la cheminée. Elle garda le silence.

— Il n'y a pas de place pour une télévision, dis-je. S'il y en avait eu une dans cette pièce, il devrait y avoir un espace vacant. Or ce n'est pas le cas.

— Tu as raison, acquiesça-t-elle, toujours debout, les bras croisés.

— Bah, ce n'est peut-être pas si important qu'il n'y ait pas beaucoup d'appareils électriques. Le chef de famille était peut-être contre par principe. Ce que je trouve vraiment bizarre, en revanche, c'est qu'il n'y ait pas un seul calendrier. Dans n'importe quelle maison, il y en a au moins un accroché au mur.

— Oui, tu as raison, c'est bizarre.

— Et toutes les pendules qui indiquent la même heure donnent l'impression que le temps s'est arrêté. C'est sans doute intentionnel. Il faut que nous trouvions la raison.

Sayaka réfléchit un instant avant de secouer la tête.

— Je ne sais pas. Je n'ai vraiment aucune idée.

Je la regardai avant de baisser les yeux sur le cahier que j'avais toujours à la main. Je ne pouvais m'empêcher de penser que quelque chose d'important nous échappait.

La pluie tambourinait encore plus. Je regardai vers la fenêtre. Les gouttes frappaient violemment les vitres, y traçant d'innombrables traits.

— Ça empire, fis-je remarquer. Il vaudrait mieux se dépêcher.

Un éclair stria le ciel au lointain, suivi d'un grondement. Sayaka sursauta et rentra les épaules.

— Ne t'inquiète pas. L'orage est encore loin, m'exclamai-je en riant.

Sayaka gardait la tête baissée et ses paupières n'arrêtaient pas de papillonner. Puis elle posa ses mains sur ses joues et regarda autour d'elle d'un air étonné. Ses yeux étaient vides.

— Qu'y a-t-il ?

Elle tendit lentement son index devant elle.

— Sous le piano…

— Sous le piano ? répétai-je en regardant l'endroit qu'elle indiquait. Il a quelque chose, ce piano ?

— Cachée dessous.

— Cachée ? Qui ça ?

Sans me répondre, elle se dirigea en chancelant vers le piano. Puis elle s'accroupit dessous, et de là regarda tout autour de la pièce.

— Qu'y a-t-il, il y a quelque chose sous ce piano ? lui demandai-je à nouveau.

— Cachée sous le piano.

— D'accord, mais qui ? Un peu d'agacement se mêlait à ma voix.

Elle passa sa langue sur ses lèvres et déglutit avant de répondre :

— Moi...

— Toi ? fis-je en l'observant sans comprendre. Quand ?

— Il y a très longtemps.

— Très longtemps ? répétai-je avant de sursauter. Je commençais enfin à comprendre ce qu'elle disait : Tu t'en souviens ? Tu étais cachée sous ce piano ?

Sayaka détourna son regard du mien, caressa du bout du doigt un des pieds du piano. La poussière ne s'enleva qu'à cet endroit, laissant voir un trait noir.

— Il neigeait fort ce jour-là, murmura-t-elle.

2

Je fis asseoir Sayaka sur le sofa. Je m'installai à ses côtés. La pluie n'arrêtait pas de tomber mais, si grâce à cela sa mémoire lui était revenue, il ne fallait pas trop s'en plaindre.

Les coudes posés sur ses genoux, elle avait croisé légèrement les doigts. Elle resta ainsi un moment à réfléchir en silence. J'avais l'intention de rester à côté d'elle sans rien dire tant qu'elle-même ne parlerait pas.

Dix bonnes minutes plus tard, elle finit par prendre la parole.

— J'avais peur de la neige, c'est pourquoi je me suis cachée sous le piano. J'étais vraiment inquiète à l'idée qu'il puisse neiger à l'intérieur aussi.

— Tu es sûre qu'il s'agit de cette pièce ?

— Je ne peux pas l'affirmer mais…, commença-t-elle en jetant à nouveau un coup d'œil autour du salon, je pense que c'était cette pièce. J'en ai un vague souvenir vu d'ici.

Je hochai la tête. Il me semblait que nous avions enfin fait un pas en avant.

Son père n'était pas le seul, Sayaka elle aussi avait un lien avec cette maison. Et ce qui l'y attachait, c'était sans doute le fait même qu'elle ait perdu la mémoire.

— A ce moment-là, tu étais seule ou avec quelqu'un ?

Sayaka baissa les paupières. Elle remuait imperceptiblement les lèvres, comme elle le faisait lorsqu'elle cherchait à se souvenir de quelque chose.

— Je crois qu'il y avait quelqu'un d'autre, dit-elle. J'ai l'impression que nous étions deux sous le piano.

— Sous le piano ? Dans ce cas, c'était aussi un enfant.

— Oui, ce n'était pas un adulte. Mais je ne sais pas si c'était une fille ou un garçon.

— C'était peut-être ce garçon, Yusuke Mikuriya ?

— C'est possible, dit-elle en hochant la tête sans conviction.

— Tu te souviens d'autre chose ? ajoutai-je, tout en sachant que cela ne servirait à rien de la brusquer.

Sayaka soupira.

— J'ai l'impression que c'est là, tout près, mais je n'arrive pas à m'en souvenir. C'est très désagréable.

— Tu ne vas pas retrouver la mémoire d'un seul coup. Mais c'est déjà très bien de te rappeler cela. Après, en lisant ce qui est écrit là-dedans, tu pourras peut-être comprendre quelque chose. On peut même imaginer que quelque chose soit écrit à ton sujet, dis-je en soulevant le cahier.

Elle ressentait peut-être de l'irritation à ne pas pouvoir se rappeler le passé, car son visage se crispa.

— Quel est le lien entre moi et cette maison ? Pourquoi suis-je venue dans cette maison ?

— Peut-être que tu habitais dans le voisinage ?

— Mais notre maison d'avant, elle était à Yokohama...

— Ça, c'est sur le papier. Peut-être qu'en réalité vous habitiez pas loin d'ici. Et tu aurais été une amie d'enfance de Yusuke. Peut-être que tu venais souvent jouer ici, par exemple.

— Amie d'enfance..., murmura-t-elle, avant de se mordiller l'ongle du pouce, puis de croiser les jambes, comme pour mieux réfléchir à ce que je venais de dire.

Bientôt elle se redressa et me regarda comme si elle réalisait quelque chose.

— Je pense que ce n'est pas possible que je sois une amie d'enfance de Yusuke au point d'être venue jouer ici régulièrement.

— Pourquoi ?

— La différence d'âge est trop grande. Il y a vingt-trois ans, il était en dernière année de primaire. A cette époque je n'avais pas encore sept ans. J'étais encore au jardin d'enfants.

— Si ce n'est que ça, ce n'est pas grand-chose comme différence.

— Pour les enfants, si. Au lycée, par exemple, il y a une différence énorme rien qu'entre la première et la deuxième année.

Je réalisai qu'elle n'avait pas tort. Je feuilletai rapidement le cahier avant de le refermer. Je me rendis compte qu'il faisait déjà sombre, car la petite écriture du garçon devenait difficile à lire.

— On s'arrête là pour aujourd'hui ? proposai-je.

— Oui, approuva-t-elle, comme accablée.

Nous refermâmes toutes les fenêtres avant de sortir par le sous-sol, comme à notre arrivée. La pluie semblait ne pas vouloir se calmer, et nos vêtements furent trempés le temps de courir jusqu'à la voiture, qui n'était pourtant pas bien loin.

— Quel sale temps. Alors qu'il faisait si beau à l'aller, dis-je en m'essuyant le visage avec un mouchoir.

Sayaka ne répondit pas. Elle regardait la maison à travers la fenêtre de la voiture. La maison était floue à cause de la pluie.

— Je l'ai déjà vue, dit Sayaka.

— Quoi ?

— Je l'ai déjà vue. Comme ça, j'ai déjà vu cette maison. Il y a très longtemps. Vraiment très longtemps. Elle me regarda. Il n'y a aucun doute. Je suis déjà venue ici.

Je regardai la maison avant de me tourner vers elle.

— Et, quand tu l'as vue, tu étais seule ?

— Non, je ne crois pas. J'ai l'impression que quelqu'un me tenait par la main.

— Qui donc ? Tes parents ?

— C'est possible.

Après m'avoir répondu, elle porta sa main à son front en fermant les yeux. Lorsqu'elle les rouvrit, peu après, elle m'adressa un pauvre sourire.

— Excuse-moi. Tu peux démarrer.

— Vraiment ?

— Oui. Même en restant là comme ça, je ne crois pas que d'autres souvenirs me reviennent.

Je hochai la tête et mis le contact.

La portion de route qui n'était pas bitumée était devenue boueuse, et la visibilité était mauvaise. Je conduisais avec les pleins phares en maniant le volant avec concentration.

Nous arrivâmes près de la station-service du lac de Matsubara et Sayaka voulut s'y arrêter. Je m'exécutai sans poser de questions, freinant après un signe de tête. Je pensais qu'elle voulait aller aux toilettes. Celles de la maison étaient inutilisables.

J'en profitai pour mettre de l'essence. Un jeune employé fit son apparition, l'air surpris. Il pensait sûrement qu'il n'aurait plus de travail ce soir-là.

Sayaka alla effectivement aux toilettes, mais je la vis téléphoner après. Son profil semblait se durcir lorsqu'elle parlait.

— Je t'ai fait attendre, s'excusa-t-elle en revenant dans la voiture.

— Tu as téléphoné ?

— Oui. Chez les parents de mon mari. Ils gardent ma fille.

— Ils habitent près de chez vous ?
— Pas vraiment.
— Mais, quand tu veux sortir comme aujourd'hui, tu peux leur confier ta fille sans problème ?

Elle eut alors un drôle de sourire indéfinissable. Qui se transforma en grimace. Je déglutis.

— Ce n'est pas ça, dit-elle. Ils la gardent tout le temps.
— Tout le temps ?
— On m'a déclarée inapte à l'éduquer…
— Inapte ?
— Je n'ai pas les capacités requises pour éduquer un enfant. Je suis incompétente. Je ne suis pas digne d'être une mère…

Les larmes lui montèrent aux yeux. Elles débordèrent presque aussitôt.

3

De l'autre côté de la route, face à la station-service, s'étendait le parking gratuit du lac de Matsubara. J'y garai la voiture et coupai le moteur. La pluie frappait violemment le pare-brise. La radio FM crachait un morceau de Kenny G., "Going Home". Je baissai un peu le volume et j'attendis que Sayaka se décide à parler.

A la fin du morceau, elle prit la parole :
— Ma fille s'appelle Miharu, pour "beauté épanouie".
— Miharu, ai-je répété en traçant les caractères chinois dans le vide avec mon doigt. C'est un joli nom.

— C'est mon mari qui l'a choisi. Depuis longtemps il s'était dit que, s'il avait une fille, il l'appellerait Miharu.

— Il y a des types comme ça, qui ont ce genre d'idée, remarquai-je en souriant. Elle doit être mignonne.

— C'est ce que je pense le plus souvent.

— Le plus souvent ?

— Oui, parce que, de temps en temps, je me dis que ce serait mieux si elle n'existait pas.

Elle me lança un regard, les yeux rougis.

Je posai les deux mains sur le volant.

— Il paraît que toutes les mères se disent ça un jour ou l'autre. Quand elles n'en peuvent plus.

Je me demandais si elle n'allait pas s'opposer à ce que je venais de lui dire, mais elle acquiesça docilement.

— C'est vrai que parfois je n'en peux plus.

Je hochai la tête.

— Miharu fait beaucoup de colères, de bêtises ?

— Oui, sans arrêt, dit-elle faiblement. Je passais mes journées à réparer ses bêtises.

— Je vois.

— Mais je m'y étais préparée. Je me disais que c'était inévitable si je devenais mère. Je pensais que ce ne serait pas grave si j'avais de l'affection pour elle.

— Tu veux dire que ce n'est pas le cas ?

— Je ne ressens rien pour elle ! s'écria-t-elle. Si au moins j'avais envie de temps en temps de la serrer dans mes bras. Je pense que les autres mères ne réagissent pas comme ça. Tu sais, il m'arrive de haïr vraiment ma fille. Tu peux croire ça ?

— Je ne peux pas le croire, mais je sais que ça existe.

— Oui. Puisque tu l'as écrit.

— Moi ? m'exclamai-je car je venais enfin de réaliser. J'ouvris de grands yeux. Tu m'as lu et tu as voulu me revoir…

— Oui, me répondit-elle.

Il s'agissait d'un article que j'avais écrit pour la revue scientifique.

"Je voudrais que vous nous donniez un point de vue scientifique au sujet des enfants battus…"

Mon éditeur m'avait demandé quelques mois plus tôt de traiter ce sujet impossible. "Aux Etats-Unis, il y a plus de deux millions de cas par an de maltraitances par des parents ou des tuteurs, mortels dans trois mille cas. Le phénomène commence à se répandre au Japon, il va bien falloir en parler un jour ou l'autre", avait-il insisté.

J'avais refusé en expliquant que ce n'était pas à un simple physicien de parler d'un sujet aussi grave, mais mon éditeur avait réitéré sa demande en disant que son directeur était obnubilé par le sujet. J'avais fini par accepter en disant que je ne ferais que commenter l'interview d'une personne concernée. Je me demandais pourquoi il insistait tant, et j'eus bientôt l'explication. La nièce du directeur était conseillère bénévole en matière d'éducation et, à force d'entendre les histoires terribles qu'elle lui racontait, le directeur avait voulu publier un article dans sa revue. Je n'avais pas fait de vagues et j'étais allé tout droit interroger la nièce du directeur.

Malgré la manière dont il avait commencé, ce travail n'avait pas été une mauvaise expérience pour moi. J'avais trouvé enrichissant de découvrir la réalité d'une maladie de l'âme engendrée par la société contemporaine. Mais je savais bien que mon article ne valait pas grand-chose. Il ne contenait rien de plus que les ouvrages déjà publiés. D'ailleurs il n'y avait presque pas eu de réactions de la part des lecteurs. Moi-même, qui en étais l'auteur, j'en avais oublié le contenu. Jamais je n'aurais imaginé que Sayaka l'ait lu.

— Dans cet article, il y a l'histoire de cette mère qui en pleine nuit a failli étrangler son bébé qui n'arrêtait pas de pleurer. J'ai sursauté en lisant cela. Je me suis vue à sa place.

— Tu as déjà ressenti ça ?

— Plusieurs fois. Miharu aussi pleurait beaucoup la nuit. Un soir par exemple, quand j'ai senti qu'elle n'allait pas tarder à pleurer, tu sais ce que j'ai fait ? J'ai pris une serviette qui était à portée de main pour l'enfoncer dans sa bouche. C'est bien la preuve que je suis folle, dit-elle dans un rictus, au bord des larmes. C'est typique de la maltraitance. En tout cas c'est ce qui était écrit.

— On ne peut pas se prononcer sur un seul fait, avançai-je avec prudence.

Les maltraitances se divisaient en quatre grands groupes : la maltraitance physique, la négligence ou le refus de protéger, la maltraitance naturelle et la maltraitance psychologique. La violence, par exemple, ou tout ce qui pouvait blesser, c'était de la maltraitance physique et, d'après ce que Sayaka venait de dire, son acte en faisait bien partie.

— Il s'est passé quelque chose dernièrement ?

— Je l'ai frappée aux jambes. Je l'ai fait asseoir, et j'ai frappé ses cuisses à plusieurs reprises. J'ai continué même si c'était rouge et enflé.

— Pourquoi ?

— Parce qu'elle n'avait pas mangé son repas. Je lui avais pourtant dit de ne pas se gaver de bonbons, mais elle en mange en cachette, et aux repas elle ne veut plus rien manger.

— Et tu l'as grondée pour cette raison ?

— Oui.

— Et tu ne t'es pas arrêtée, même quand elle pleurait ?

Elle inspira un grand coup. Puis, comme une automate, elle remua lentement la tête de gauche à droite.

— Elle ne pleurait pas. Je la frappais, et elle devait avoir terriblement mal, mais elle supportait en silence. Sans rien dire. Comme si elle attendait que ça passe.

— Que ça passe ? Quoi ?

— La tempête, dit-elle en passant sa main à travers ses cheveux, c'est toujours pareil. Je me fâche, et elle reste immobile comme une statue. Aucune réaction. De temps en temps elle me jette un coup d'œil, c'est tout. L'air de dire : Encore la tempête habituelle. Quand je vois ce regard, je ne sais plus quoi faire. Et, quand je reprends mes esprits, le coup est déjà parti.

— Mais tu es consciente que ce n'est pas bien.

— Bien sûr. Mais je ne peux pas me retenir. Tu dois trouver cela bizarre, mais c'est la vérité. Quand je suis devant elle, je ne me comprends pas moi-même. Je n'ai aucune idée de ce que je dois faire.

En regardant ses cuisses, devenues toutes rouges par ma faute, je suis brusquement prise de peur.

Ses joues étaient mouillées.

— Je suis folle.

— Il ne faut pas dire ça. Il y a beaucoup de femmes dans ton cas.

C'était la vérité.

Au cours de l'interview, j'avais appris que près de soixante-dix pour cent des mères téléphonant pour un conseil se disaient maltraitantes. Selon la conseillère, prétendre que si l'on était capable de demander conseil on pouvait aussi s'arrêter, c'était ne rien comprendre à la maltraitance. Les mères appelaient justement parce qu'elles souffraient de ne pouvoir s'arrêter. Par exemple, elles frappaient leur enfant à la tête et, quand celui-ci perdait connaissance, elles se précipitaient pour l'emmener à l'hôpital où, pendant qu'il était soigné, elles pleuraient dans le couloir. Elles téléphonaient pour dire qu'elles avaient peur, si cela continuait ainsi, de tuer leur enfant.

J'attendis que Sayaka se calme un peu avant de lui demander :

— Ton mari le sait ?

— Je ne crois pas, me répondit-elle en appuyant son mouchoir sur ses yeux. Je ne lui en ai jamais parlé. Je pense que mon mari, si je ne lui en parlais pas, ne serait au courant de rien dans la maison. Il s'en moque. C'est bien pour cette raison qu'il peut partir tout seul aux Etats-Unis.

— Pourquoi tu ne le lui dis pas ?

— Parce que... Elle s'interrompit.

Je comprenais à peu près ce qu'elle pouvait ressentir.

Elle avait très peur que son mari la juge incapable d'élever leur fille. Elle ne voulait pas qu'il pense qu'elle était incompétente en matière d'éducation. Ce serait un désastre pour son amour-propre.

— Mais il n'a jamais eu de doutes ? En regardant Miharu, par exemple ?

— Il n'a aucune raison d'en avoir.

— Pourquoi ?

— Puisque… Enfin, Miharu est un ange devant son père. Elle est obéissante et ne fait pas de bêtises. En plus elle parle bien. Mon mari est content, il dit que plusieurs de ses collègues ont des filles du même âge qui leur en font voir de toutes les couleurs. Il ne comprend vraiment rien. S'il peut dire ça, c'est qu'il ne connaît pas la véritable nature de sa fille.

En voyant un rictus sur ses lèvres, j'ai pensé qu'elle haïssait peut-être vraiment sa fille.

— Tu ne pouvais te confier à personne ?

— Non. Mais moi aussi j'ai fait des efforts. J'ai lu plein de livres sur l'éducation des enfants, tu sais.

— Je te crois.

Il paraît que la tendance chez les mères violentes est de se fier aveuglément aux ouvrages sur l'éducation. Ces livres n'offrent rien de plus que de simples critères, mais elles sont persuadées que l'éducation de leur enfant doit absolument s'y conformer. Dans la réalité, il est impossible que les choses se passent exactement comme dans les livres, et les enfants posent sans cesse de nouveaux problèmes. Le phénomène se répète et, à force, la mère deviendrait agressive et n'arriverait plus à se contrôler. C'est alors que commencerait la maltraitance.

— Depuis quand Miharu est-elle chez ses grands-parents ?

— Environ dix jours.

— Et jusque-là vous viviez toutes les deux ?

— Oui.

— Et ça se passait comment ?

— C'était l'enfer, dit-elle. Dans le quartier, il y a une maison où l'on peut confier ses enfants, et j'ai pensé sérieusement à des choses idiotes comme la déposer là-bas et disparaître. J'avais l'impression de devenir folle en vivant le quotidien avec elle. J'avais peur de moi-même, je me disais qu'un jour j'allais faire quelque chose d'insensé.

— C'est pour ça que tu as décidé de la confier à ta belle-famille ?

— Non, dit-elle en secouant la tête, ils sont venus la chercher.

— Comment ça ?

— Les gens de cette maison où je déposais Miharu de temps en temps ont prévenu la famille de mon mari. Il paraît qu'ils lui avaient demandé leur numéro de téléphone.

— Pourquoi les ont-ils prévenus ?

— Ils ont vu les bleus sur Miharu.

— Les bleus ? m'écriai-je. C'est toi qui les avais faits ?

Sayaka sortit son mouchoir, l'appuya sur ses yeux, renifla.

— Ils étaient tracassés depuis quelque temps. Miharu ne disait rien et ils la trouvaient bizarre. C'est pourquoi ils ont prévenu ses grands-parents.

— Et qu'est-ce qu'elle a dit, ta belle-mère, quand elle est venue la chercher ?

— Que je souffrais sans doute de la dépression de la jeune maman, et qu'elle allait la garder quelque temps. Elle m'a parlé gentiment, mais son visage me renvoyait une image de mère indigne.

— Et tu l'as laissée emmener ton enfant ?

— Il n'y avait rien d'autre à faire. Puisque je suis vraiment une mère indigne.

Ne sachant quoi lui répondre, je regardais droit devant moi à travers le pare-brise.

— Ma belle-mère a dit que Miharu allait bien. Je ne pense pas que c'était pour me rassurer, c'était sans doute vrai. C'est une illusion de penser qu'en l'absence de la mère, les choses peuvent mal se passer pour l'enfant. Et, de mon côté, ne pas avoir à m'occuper de ma fille me donne un sentiment de libération. Si j'ai téléphoné tout à l'heure, en réalité ce n'est pas parce que je m'inquiète pour elle, mais parce que j'ai peur de ce que pourraient dire les parents de mon mari si je ne leur téléphonais pas une fois par jour.

— En analysant les choses de cette façon, on trouve toujours quelque chose à se reprocher.

Ma réplique ne sembla pas la réconforter. Elle garda le silence.

— Alors mon article t'a aidée un peu ?

— Il m'a beaucoup appris, dit-elle. Surtout le passage qui dit que l'expérience de l'enfance de la mère pouvait avoir une influence déterminante dans de nombreux cas.

— Aah…

Ce passage m'avait marqué moi aussi, lors de l'interview.

Il paraît que quarante-cinq pour cent des mères maltraitantes ont elles-mêmes été maltraitées. Et que, si elles ne l'ont pas été, c'est que leur père a disparu quand elles étaient enfants, ou que leur mère gravement malade n'était pas à la maison, bref, que, sous une forme ou sous une autre, elles ont subi un traumatisme psychique. Ce qui revient à dire qu'elles ont manqué d'amour.

Comme elles n'ont pas été aimées par leurs parents, elles ne savent pas comment aimer...

"A la réflexion, c'est quelque chose de tout à fait normal", m'avait dit la conseillère que j'avais interviewée.

— C'est parce que j'ai lu cela dans ton article que je me suis intéressée à mon passé. A cette enfance dont je n'ai aucun souvenir.

— C'était donc ça ?...

— Et je me suis dit que je n'y arriverais pas seule. C'est pourquoi j'ai fait appel à toi. J'ai pensé que tu me comprendrais, je suis en confiance avec toi, tu me connais mieux que personne.

— Tu aurais pu m'expliquer ça un peu plus tôt.

— Excuse-moi. Je te suis reconnaissante de m'avoir accompagnée jusqu'ici sans rien me demander.

— Je me rendais bien compte que tu souffrais.

Je posai mon regard sur son poignet. Elle frotta ses cicatrices.

— Je l'ai fait sur une impulsion, après qu'ils ont emmené Miharu.

— Ce n'est pas bien.

— Tu sais, avec une blessure comme celle-ci, on ne meurt pas. C'est seulement la peau qui est coupée. J'ai pris aussi des somnifères et, quand je me suis réveillée et que j'ai vu que le sang ne coulait plus, j'ai eu honte de moi.

— En tout cas, il ne faut plus penser à ça.

Tout en parlant, je réfléchissais à la raison pour laquelle Sayaka avait pris des somnifères.

— Oui, je sais. Je ne le referai plus.

Je posai la main sur le levier de vitesses.

— Je peux démarrer la voiture ?

— Oui, me répondit-elle.

Mais, au moment où la voiture allait quitter le parking, elle m'interrompit :

— Attends un peu.

Je freinai.

Elle réfléchit quelques instants avant de me demander :

— Tu veux bien faire demi-tour ?

— Demi-tour ? Tu veux dire jusqu'à la maison ?

— Oui.

Elle hocha la tête d'un air sérieux.

— Pourquoi ?

Elle baissa les yeux, frotta ses mains sur ses genoux.

— Je ne veux pas rentrer tout de suite. Si la raison de mes problèmes psychologiques se trouve dans cette maison, je veux en avoir le cœur net. Je ne pense pas que les choses puissent s'améliorer tranquillement si je rentre à Tokyo. Il faut que j'aille dans cette maison, que j'observe, sinon je ne retrouverai jamais la mémoire.

Je comprenais ce qu'elle voulait dire.

— C'est possible. Mais pour aujourd'hui il est trop tard.

— Je ne te demande pas de m'accompagner. Je veux juste que tu me déposes devant la maison.

Après je me débrouillerai, dit-elle d'une traite avant de conclure calmement : Tu peux rentrer.

J'étais plongé dans mes réflexions, les mains serrées sur le volant. Pour dire ça, il fallait qu'elle soit déterminée. Je ne croyais pas pouvoir la faire changer d'avis en la raisonnant.

— Tu as l'intention de passer une nuit blanche dans cette maison ?

— Ce n'est pas grand-chose, une seule nuit.

— Et pour les repas, comment vas-tu faire ?

— Ce n'est pas grave. Je n'ai pas besoin de manger.

— Ce n'est pas bon pour le corps. On va chercher une supérette.

Et je levai le pied de la pédale de frein.

Nous nous engageâmes sur la nationale où, dans une supérette ouverte vingt-quatre heures sur vingt-quatre, nous achetâmes sandwichs, boissons et torche électrique avant de retourner à la maison dans la forêt. La pluie semblait un peu calmée, mais le tonnerre grondait toujours au lointain.

Nous entrâmes dans la maison en nous éclairant avec la torche. Nous allumâmes une bougie au sous-sol, que nous posâmes d'abord sur la table du salon. On ne savait pas d'où venait le courant d'air, mais la flamme ondulait légèrement. Et les ombres sur le mur dansaient.

— Tu n'auras pas peur toute seule ?

— Je ne peux pas dire que je n'aurai pas peur, mais c'est peut-être mieux que je sois tendue un minimum, répondit-elle en s'asseyant sur le sofa, d'un ton mi-sérieux, mi-amusé. Tu as le journal de Yusuke ?

— Il est là.

Je le lui montrai, posé non loin de la bougie.

— Autre chose ? Si tu as besoin de quoi que ce soit, je vais te l'acheter.

Elle secoua légèrement la tête.

— Ne t'inquiète pas. Je pense que ça va aller.

— Alors j'y vais.

— Oui. Merci pour tout.

Je la saluai et ouvris la porte en m'éclairant avec la lampe. Alors je me retournai et je vis Sayaka me faire au revoir derrière la bougie.

Comme on dit dans ces cas-là, j'eus l'impression que quelqu'un voulait m'empêcher de partir en me tirant par les cheveux, alors que, tournant le dos à Sayaka, j'hésitais à m'en aller. Mais, si je restais, cela signifiait que je passerais la nuit seul avec elle. Et j'avais décidé que cette fois-ci je ne le ferais pas.

Il faisait froid au sous-sol. C'était l'endroit de la maison qui dégageait l'atmosphère la plus étrange. On ne sentait aucune trace de vie. Un simple espace rempli d'air froid et stagnant. C'était peut-être à cause de cet endroit que j'avais envie de fuir le malaise que je ressentais. Mais pourquoi avait-on fait en sorte de passer par le sous-sol pour entrer dans cette maison ?

Je m'approchai de la porte et posai la main sur la poignée. A ce moment-là, en promenant sans y penser le faisceau de la lampe, je remarquai quelque chose juste au-dessus de la porte. Je ne voyais pas bien, c'était plein de poussière. Je tendis le bras et enlevai la poussière du bout des doigts.

C'était une petite croix. Qui semblait taillée dans du bois.

A l'instant où je la découvris, je fus pris d'une inexplicable angoisse. Qui donc avait pu mettre une croix à cet endroit ?

Après être resté planté là un petit moment, je fis demi-tour et remontai l'escalier. Je passai par l'entrée, ouvris la porte du salon. Sayaka leva les yeux du journal de Yusuke et me regarda avec surprise.

— Qu'y a-t-il ? me demanda-t-elle.

Après une hésitation, je lui demandai :

— Est-ce que je peux rester avec toi ?

Elle cligna des paupières d'un air perplexe.

— Ne t'inquiète pas pour moi.

— Ce n'est pas ça, lui dis-je. Je veux savoir, moi aussi, ce qui s'est passé ici autrefois.

Elle pencha la tête comme pour mieux réfléchir, puis elle eut un petit sourire.

— On aurait dû acheter plus de sandwichs.

— Ça ne fait pas de mal, un petit régime.

Et je m'assis à côté d'elle.

4

Je lui parlai de la croix. Elle voulut la voir à son tour. Nous redescendîmes ensemble au sous-sol.

— C'est vrai, c'est une croix, dit-elle en éclairant le dessus de la porte avec sa lampe. Peut-être que les habitants de cette maison étaient chrétiens. Mais je n'ai jamais entendu dire que l'on mettait des croix dans des endroits pareils.

— Et, s'ils étaient vraiment chrétiens, ils auraient pu en accrocher une un peu plus belle, lui fis-je remarquer avec perplexité.

Nous retournâmes au salon pour continuer la lecture du journal de Yusuke. Comme nous manquions de lumière, nous allumâmes trois autres bougies.

Sayaka proposa de le reprendre au début, sans sauter de passages. J'étais du même avis. Nous avions tout le temps désormais.

Au fur et à mesure de notre lecture, nous comprîmes que Yusuke était en quatrième année de primaire quand il avait commencé son journal, un 5 mai. L'année d'après en avril, il avait noté : "A partir d'aujourd'hui je suis en cinquième année." Et jusque-là il n'y avait aucun passage anormal. Yusuke continuait de vivre en travaillant sérieusement. Le foyer familial aussi était paisible.

Mais la situation changeait brusquement en juin de cette année-là.

"15 juin. Pluvieux. Ce soir, papa s'est écroulé. J'étais en train de faire mes devoirs dans ma chambre quand j'ai entendu maman crier. Je suis allé dans la chambre de papa, il était à quatre pattes par terre à côté de sa chaise et il gémissait. Maman m'a dit d'aller dans ma chambre. Mais j'étais inquiet, alors je suis resté. Maman a demandé à papa s'il fallait appeler une ambulance, mais papa a fait signe que non, qu'il ne fallait pas en faire tout un plat. Il nous a demandé de le laisser tranquille. C'est la première fois que j'ai vu papa nous crier dessus de cette façon. Alors maman m'a pris par la main et m'a emmené en bas. Je lui ai demandé si papa était malade, et elle m'a répondu que ce n'était pas la peine de s'inquiéter. J'étais avec maman à la table de la cuisine quand papa est descendu. Ses cheveux étaient trempés de sueur. Il m'a dit qu'il ne fallait rien dire à personne. Je lui ai demandé pourquoi. Il a répondu : Parce que c'est rien. J'avais le cœur qui battait fort, mais je lui ai rien demandé de plus."

"20 juin. Nuageux avec quelques averses. En rentrant de l'école, j'ai vu les chaussures de papa dans l'entrée. J'étais surpris parce que normalement ce n'était pas son jour de repos. J'ai posé mon cartable, et je suis allé voir dans sa chambre, il était allongé sur le lit tout habillé. Je me suis approché et papa a ouvert les yeux. Je lui ai dit bonjour. Il a répondu d'une petite voix, avant de refermer les yeux. Comme maman était rentrée, je lui ai demandé pour papa. Elle a dit qu'il devait être un peu fatigué. J'en peux plus d'être inquiet. Le soir, Yamamoto est venu me montrer ses têtards. Je les aime bien d'habitude, mais je n'étais pas si content que ça."

Ce que l'on comprenait d'après ces deux passages, c'est que le père de Yusuke n'allait pas très bien à cette époque.

— C'est préoccupant qu'il ne veuille pas que ça se sache, qu'il ne va pas bien, dis-je à Sayaka. Ce n'est vraiment rien, ou alors...

— Ou alors c'est grave, continua-t-elle, suivant le fil de ma pensée. Quand on lit ce journal, on a l'impression que le père sait de quoi il est malade.

— C'est bizarre aussi qu'il empêche sa femme d'appeler une ambulance en lui criant dessus.

— Mais, s'il est atteint d'une maladie grave, il devrait y avoir des signes dans les pages précédentes, dit-elle en feuilletant à nouveau celles que nous avions déjà parcourues.

C'est alors qu'elle me montra un passage.

— Regarde, lis ici.

"15 mai. Soleil. On a mangé du sukiyaki au dîner ce soir. J'aime beaucoup ça. J'ai mangé que de la viande, alors maman m'a grondé en me disant de ne pas oublier les légumes. J'aime pas les poireaux alors j'en ai pas mangé. Papa est tout de suite monté dans sa chambre en disant qu'il avait mal à la tête, alors j'ai pu manger sa part de viande aussi. J'ai l'impression que mon ventre va éclater."

— Il dit qu'il a mal à la tête, dis-je en la regardant.
— Il n'y a pas que là. Regarde, ici aussi.

Elle me montrait une autre page. Où il était écrit ceci :

"29 avril. Nuageux. Aujourd'hui il n'y avait pas d'école, alors on a joué à la balle aux prisonniers devant chez moi. Yamamoto, Kanei et Shimizu sont venus. Comme c'est ennuyeux de jouer qu'à la balle aux prisonniers, on a fait un foot aussi. Mais, comme on faisait trop de bruit, on s'est fait gronder par maman. Papa se sentait pas bien et il dormait, alors elle nous a dit de pas faire de bruit. Alors on est allés chez Kanei. Chez lui il y a plein de poissons rouges. Les demekin avec leurs gros yeux qui ressortent sont rigolos."

En remontant encore plus loin, on trouvait ici ou là des passages qui indiquaient que son père n'allait pas bien. Mais Yusuke ne semblait pas le prendre trop au sérieux. La première fois qu'il était vraiment inquiet, c'était le 15 juin.

Nous avons décidé de lire la suite. Après le 20 juin, il n'était plus question de son père. Soit tout allait bien, soit Yusuke faisait exprès de ne rien écrire.

Au mois d'août il y avait du changement.

"10 août. Soleil. Alors qu'on mangeait une pastèque avec maman, il y a eu un coup de téléphone du bureau de papa. Il a été emmené à l'hôpital. Maman est partie tout de suite. J'ai voulu y aller aussi, mais maman m'a dit de rester à la maison. Alors j'ai attendu tout seul. Maman est rentrée à la nuit. Je lui ai demandé pour papa, et elle m'a dit que ce n'était pas la peine de s'inquiéter. Mais elle a l'air abattue. Je me demande si ça va vraiment."

"11 août. Soleil. Je suis allé à l'hôpital avec maman. Il paraît que papa n'a pas arrêté de dormir depuis hier. Quand on est arrivés, papa était allongé et nous a souri. Il nous a dit qu'il n'avait rien de grave. Je suis rassuré parce qu'il a l'air bien. Mais au retour maman m'a dit que papa pouvait être hospitalisé un petit moment. J'ai demandé ce qu'il avait. Maman m'a répondu : Pas grand-chose."

"12 août. Soleil, j'ai fait mes devoirs de vacances le matin, et l'après-midi je suis allé à l'hôpital avec maman. Mais j'ai pas pu voir papa. Maman a parlé avec le docteur. On n'a pas pu le voir parce qu'il dormait. En rentrant à la maison, maman a téléphoné à plein de gens. Elle avait l'air de pleurer, alors j'ai eu peur."

"13 août. Soleil. Maman est allée toute seule à l'hôpital. Elle m'a dit de rester à la maison. Madame Otai est venue, et elle m'a préparé des nouilles glacées. Je lui ai demandé pour papa, mais elle m'a dit que tout allait bien, qu'il allait revenir très vite. Mais, quand je lui ai dit que maman pleurait, madame Otai n'a rien dit. Le soir maman est revenue. Je lui ai demandé pour papa mais elle n'a rien répondu."

A cette époque, Yusuke écrit presque tous les jours. Il ne parle quasiment que de son père. Il a d'abord pensé que ce n'était pas grave, puis cela se dégrade et l'on sent grandir son inquiétude. Il souffre d'autant plus que sa mère ne lui dit rien.

En septembre, peut-être parce que le deuxième trimestre a commencé, il écrit moins au sujet de son père. Il semble que celui-ci soit toujours hospitalisé, mais Yusuke semble habitué à son absence.

Il n'a pas oublié son père : il va le voir deux ou trois fois par semaine. La plupart du temps il dort mais, quand il est éveillé, le père parle avec son fils comme quand il allait bien.

"20 septembre. Nuageux. Aujourd'hui aussi je suis allé voir papa. Il lisait un livre dans son lit. C'était un livre difficile sur le droit. Il paraît qu'il ne faut pas qu'il lise trop, mais papa dit qu'il se sent mieux quand il lit. Je comprends bien son amour pour les livres, alors je pense qu'il a raison. Papa dit que les hommes doivent s'éduquer. La fainéantise détruit l'homme, d'après lui. Je ne veux pas être un fainéant. Je veux bien travailler comme mon père et devenir un grand avocat. Quand je lui ai dit que j'ai eu quatre-vingt-dix points sur cent en mathématiques, il m'a grondé. Il m'a dit que la prochaine fois il fallait absolument que j'aie cent sur cent."

C'est un père drôlement sévère. Pourtant, quand le corps s'affaiblit, on devrait s'adoucir.

En ce qui concerne la maladie de son père, Yusuke n'a toujours pas été mis au courant. Mais, en octobre, il y a un passage où il commence à se douter de quelque chose.

"9 octobre. Soleil. Quand je suis allé à l'hôpital en rentrant de l'école, papa dormait. Je suis resté un moment à côté à lire un livre. Et alors papa s'est réveillé. Je lui ai demandé s'il était réveillé mais il ne m'a pas répondu. Il regardait dans ma direction, mais c'était comme s'il me voyait pas. Il avait pas l'air d'entendre ma voix non plus. Il regardait l'espace d'un œil vague. C'était comme s'il avait plus d'âme. Mais papa m'a dit une fois que l'âme n'existait pas. Il m'a appris que les hommes bougeaient grâce à leur cerveau. Alors c'est son cerveau qui ne va pas peut-être."

Son cerveau…

Je me suis dit que cette supposition était juste. Dans les passages précédents, son père se plaignait régulièrement de maux de tête.

— Qu'est-ce qu'il y a comme maladies du cerveau ? demanda Sayaka.

— Il y en a plein, ce peut être une tumeur par exemple, répondis-je.

— Une tumeur au cerveau…

Sayaka déglutit.

— Si c'est le cas, les chances de survie sont faibles. Lisons la suite.

"24 octobre. Nuageux. Papa dort depuis cinq jours. Maman va tous les jours à l'hôpital, mais papa ne se réveille pas. Le docteur ne sait pas non plus jusqu'à quand il va dormir."

"26 octobre. Pluie, nuages. Aujourd'hui, moi aussi je suis allé à l'hôpital. On nous a dit que papa s'était réveillé. Mais je n'ai pas pu le voir. Maman est allée le voir seule. Elle a dit qu'il avait l'air en forme, mais je me demande si c'est vrai."

"30 octobre. Soleil, nuageux de temps en temps. J'ai pu voir papa, ça faisait longtemps. On est allés le voir avec maman et on lui a porté des fruits. Il ne peut plus se redresser comme avant, et il reste tout le temps couché. Il a beaucoup maigri. Maman dit que c'est parce qu'il n'a pas pu manger pendant qu'il dormait. On a coupé une pomme en petits morceaux pour lui donner à manger. Papa mâchait lentement comme un ruminant. Il paraît qu'il a dit que c'était bon, mais je l'ai pas entendu."

A partir d'ici, il semble que l'état du père de Yusuke empire brusquement. Des phrases telles que "il a brusquement perdu connaissance" ou encore "il dort et ne se réveille plus" apparaissent ici ou là. Il s'agit certainement de coma.

Et, mi-novembre, la mère de Yusuke se décide à lui parler.

"10 novembre. Pluie. Après dîner, maman m'a parlé de la maladie de papa. C'est très grave, et il ne va pas guérir. Je lui ai demandé s'il allait bientôt mourir. Elle m'a répondu oui. Elle a pleuré. Moi aussi. Mais elle m'a dit de garder le sourire devant papa. Je lui ai promis."

"11 novembre. Soleil. J'ai eu mal à la tête toute la journée. C'est peut-être parce qu'hier j'ai pas du tout dormi. Je peux pas croire que papa va mourir."

"12 novembre. Soleil. Je suis allé à l'hôpital avec maman. Papa était réveillé, mais c'était comme s'il ne nous voyait pas. Il était allongé comme une poupée. Je lui ai parlé, mais il ne m'a pas répondu. Maman a changé sa couche."

"20 novembre. Nuageux. En plein cours de japonais, un jeune professeur a ouvert la porte, et il a appelé notre professeur responsable. Il m'a fait signe de venir. Il m'a dit d'aller immédiatement à l'hôpital parce que mon père n'allait pas bien. Je suis parti de l'école sans même prendre mon sac. Une fois à l'hôpital, maman pleurait. Mais papa n'est pas mort. Le médecin nous a dit qu'il avait tenu le coup. J'étais très heureux. Maman pleurait quand même."

A cette époque, c'est comme si le jeune Yusuke était tous les jours sur le qui-vive quant au décès de son père. Début décembre le jour approche. Ce jour-là aussi il a noté quelque chose. Juste une ligne.

"5 décembre. Soleil. Papa est mort aujourd'hui."

J'ai pensé qu'il n'y avait pas plus concis pour exprimer la tristesse du garçon.

Ensuite, il ne note plus rien pendant près d'un mois. Normalement entre-temps il y a eu la veillée funèbre et les funérailles, mais peut-être que Yusuke n'a pas eu la force d'écrire ses impressions sur ces moments-là.

Il y a une page blanche puis il se remet à écrire le 7 janvier de la nouvelle année. Et le contenu change du tout au tout.

"7 janvier. Soleil. L'autre s'est ramené à la maison. D'après maman, c'est possible qu'on vive ensemble maintenant. Je lui ai dit que je voulais pas. Papa le prenait pour un idiot. Il disait qu'il ne fallait pas l'imiter, qu'il ne fallait pas devenir quelqu'un comme lui. J'étais dans ma chambre et il est entré sans frapper. Il m'a parlé sur un ton désagréable. Je lui ai dit de pas me déranger dans mon travail. Alors il a quitté ma chambre. A partir de maintenant c'est ce que je dirai pour qu'il me laisse tranquille."

C'est ici que l'autre fait son apparition.

— C'est peut-être celui qui lui envoyait des cadeaux de Noël ? suggéra Sayaka. Au moment des cadeaux aussi, le père de Yusuke n'était pas content. Et il disait à son fils qu'il ne fallait pas l'imiter, c'est donc bien qu'il ne le portait pas dans son cœur. Ça correspond.

— Tu as raison. Mais pourquoi l'autre est-il venu vivre avec eux ?

— Il n'y a rien à ce sujet, dit-elle en tournant les pages en tous sens.

Et elle poussa un petit cri.

— Lis ça. On dirait qu'il a emménagé.

Je regardai la page qu'elle me montrait. C'était celle du 15 janvier, jour de la fête de l'entrée dans l'âge adulte.

"15 janvier. Soleil. L'autre s'est ramené avec ses affaires dans un gros camion. Il a l'intention de s'installer dans la chambre du rez-de-chaussée. Il s'est pas gêné pour y mettre ses affaires. J'ai demandé à maman pourquoi il fallait vivre avec lui. Elle a dit que c'était pour mon bien. Je comprends pas pourquoi. Je veux pas d'un type pareil à la maison. Mais Chami est mignonne, alors je suis content de pouvoir vivre avec elle. Ça aurait été bien que Chami vienne seule."

Je penchai la tête, perplexe.

— Je n'arrive pas à comprendre pourquoi la mère de Yusuke considère que c'est pour son bien que l'autre se ramène. Qu'est-ce que ça signifie ?

— Je viens juste d'y penser, mais tu ne crois pas que, d'après l'ambiance, l'autre pourrait venir jouer le rôle d'un nouveau père pour Yusuke ?

— Un nouveau père ? Tu veux dire le partenaire d'un remariage pour sa mère ? Impossible. Son père n'est mort que depuis un mois.

— Oui, je sais. Mais je ne peux pas m'empêcher de m'imaginer ça.

— Tu as trop d'imagination.

— Peut-être...

Sayaka n'avait pas l'air convaincue.

— Ce qui est sûr, c'est que le chat nommé Chami a été amené par l'autre, dis-je en tournant la page du cahier.

Ensuite, l'autre n'apparaît plus pendant un moment. L'essentiel du journal concerne l'école. Mais de temps en temps il est question de Chami, alors peut-être qu'il évite volontairement de parler de l'autre.

Nous poursuivîmes jusqu'à mars. Je remuai le cou en tous sens pour dénouer les muscles de mes épaules.

— Tu veux te reposer ? Tu dois être fatigué.

— Oui. On boit quelque chose ?

— Pourquoi pas ?

Sayaka sortit du sac de la supérette une canette de café et une bouteille de Coca. Je n'avais pas vu de bouteille à capsule depuis un bon moment. Je le lui fis remarquer, et elle me regarda, prise au dépourvu.

— C'est idiot. On n'a pas de décapsuleur.

— Il doit y en avoir un dans la cuisine.

— Ne bouge pas, je vais le chercher.

Elle est partie avec la lampe torche.

Quelques minutes plus tard elle était de retour.

— Tu en as trouvé un ?

— Oui, me répondit-elle, un décapsuleur à la main, mais quelque chose me tracasse. Tu veux bien venir voir ?

Je me levai.

— Ouvre pour voir, me dit-elle en désignant le réfrigérateur.

Certainement la taille standard pour une famille d'il y a vingt ans. Le design arrondi rappelait l'époque.

Je posai la main sur la poignée, et je tirai. Sans électricité, il n'y avait aucune raison pour qu'il marche. Et pourtant, à ma grande surprise, il y avait des choses dedans. Boîtes de conserve et canettes. Corned-beef, salade de fruits à la japonaise, curry et jus de fruits.

— A ton avis pourquoi y a-t-il de la nourriture ? me demanda-t-elle.

— Les gens qui vivaient ici auront oublié de l'emporter.

— Mais regarde la date.

Je pris une canette de jus de fruits. Elle datait de deux ans auparavant.

— Je pense que c'est mon père qui a apporté ça. Et que c'est resté là jusqu'à aujourd'hui.

— C'est probable. Peut-être qu'à l'époque il y avait encore de l'électricité ?

— Mais, si c'était le cas, à quoi servait cette nourriture ? et toutes ces conserves ?

— Hmm, marmonnai-je, ne trouvant pas de réponse.

— Je suis sûre que ce n'est pas mon père qui a mis ça.

— Pourquoi ?

— Parce qu'il détestait le corned-beef, affirma-t-elle avec assurance.

Nous retournâmes au salon pour dîner simplement. Elle but le Coca, moi le café, et nous mangeâmes nos sandwichs. En ce qui concerne le contenu du réfrigérateur, finalement aucun de nous deux ne put proposer de réponse convenable.

— Pour en revenir au journal, dit Sayaka, sa bouteille de Coca à la main, il est écrit que l'autre va utiliser la chambre du rez-de-chaussée. A ton avis c'est laquelle ?

— C'est sûrement celle à tatamis.

— Mais on dirait que c'est plus une pièce pour invités, elle ne donne pas l'impression que quelqu'un y vivait au quotidien.

— Je sais, mais le petit garçon n'écrit pas de mensonges dans son journal. Il y a peut-être une raison pour que l'autre ait utilisé cette pièce.

— Tu crois ?

Sayaka approcha la bouteille de Coca de ses lèvres d'un air dubitatif, mais avant de boire elle se tourna vers moi.

— Même la chambre à l'étage, je la trouve bizarre. Le père de Yusuke est mort, hein ? Et pourtant ses vêtements y sont restés accrochés, et le bureau est resté tel quel.

— Ce doit être pour entretenir son souvenir. Il n'est pas rare de laisser la chambre d'un mort telle qu'elle était.

— Mais… il y a quelque chose qui cloche.

— Continuons à lire ça, nous finirons bien par comprendre.

Je poussai ma dernière bouchée de sandwich avec le café avant de reprendre la lecture. Là où nous étions arrivés, le jeune Yusuke était enfin en sixième année. Et, à partir de cette époque, on recommençait à voir des passages concernant l'autre. Mais leur relation avait drôlement évolué.

"15 avril. Nuageux. Le soir j'étais dans ma chambre quand l'autre s'est ramené. Il m'a crié dessus en m'accusant de dire du mal de lui dans le quartier. Je lui ai répondu n'avoir dit que la vérité. Il est devenu tout rouge et m'a giflé. Ma joue a gardé la trace de sa main. J'ai mis de la glace dessus mais j'ai encore mal."

"30 avril. Pluie, nuageux. En rentrant de l'école, l'autre lisait le journal sur le sofa. Je suis allé dans la cuisine sans faire attention à lui, et il s'est brusquement mis en colère. Il prétend que je l'ai regardé avec un air de mépris. Je lui ai dit que c'était pas vrai, mais il m'a frappé au niveau du ventre. J'ai été sauvé parce que le téléphone a sonné, mais sinon il aurait continué encore et encore à me frapper. Maman ne vient plus du tout à mon secours ces derniers temps."

"5 mai. Soleil. Comme je ne voulais pas rester à la maison, je suis allé jouer chez un ami dès le matin. Quand je suis rentré le soir, maman pleurait. Je lui ai demandé ce qu'elle avait, mais elle n'a pas répondu. La nuit, l'autre est rentré complètement saoul."

Plus on avançait, moins on comprenait qui était cet autre. Il frappait Yusuke sans hésiter, mais en plus il ne se gênait pas du tout en vivant dans la maison. Il ne pouvait s'agir d'un oncle ordinaire.

— Je pense que ton hypothèse précédente est tout à fait envisageable. Au vu de ses agissements, c'est le type même du second mari qui se transforme progressivement en tyran.

— N'est-ce pas ?

— Mais je ne suis quand même pas convaincu. On ne se remarie pas aussi vite d'habitude.

— Tu as raison.

Elle tira le cahier vers elle, et son expression se détendit quand elle regarda la page suivante.

— On dirait que Yusuke aime toujours autant Chami.

— Il y a quelque chose d'écrit ?

— Oui. "7 mai. Pluie. J'ai joué à la balle avec Chami avec une boule en papier. Elle était nulle au début, mais maintenant elle arrive à bien la rattraper."

— Un chat peut jouer à la balle ?

— Bien sûr, avec les pattes de devant. J'ai vu le chat d'un ami le faire.

— Ah bon. En tout cas, que ce soit en bien ou en mal, on dirait que la vie de Yusuke est drôlement influencée par les nouveaux occupants de la maison. Même dans son journal, il n'est quasiment plus question de personne d'autre.

— C'est vrai. Tiens, mais ici il y a madame Otai qui refait surface, ça faisait longtemps, dit-elle, et elle se figea.

— Qu'est-ce qui est écrit ?

Elle me regarda, puis me tendit lentement le cahier. Je le pris pour regarder la page en question. Elle était datée du 11 mai.

"11 mai. Soleil. Le soir madame Otai est venue avec une petite fille. Elle a dit qu'elle voulait lui faire rencontrer Chami. J'ai amené Chami. L'enfant de madame Otai a dit très correctement : Bonjour, je m'appelle Sayaka. Elle avait une jolie voix."

Je m'étranglai à moitié avant de la regarder.

CHAPITRE III

1

Nous nous regardâmes en silence pendant un bon moment. Sayaka détourna les yeux avant moi.

— C'est toi. Je ne peux pas croire qu'il y ait un autre personnage du même nom par hasard.

Sayaka se leva du sofa sans rien dire. Elle regarda vaguement autour d'elle puis se mit à marcher d'un pas incertain à travers la pièce. Elle s'arrêta devant la fenêtre, se retourna vers moi. Il continuait de pleuvoir fort dehors.

— Je suis donc vraiment venue ici quand j'étais petite.

— C'est une chose acquise.

— C'est bien ce que je pensais…, dit-elle en soupirant légèrement. Cela signifie donc que cette impression bizarre n'était pas une simple sensation de déjà-vu.

— Tout à l'heure, tu as dit que quelqu'un t'avait amenée ici. C'était madame Otai.

Sayaka posa sa main sur son front. Son visage était soucieux, comme si elle essayait de mettre de l'ordre dans ses pensées. Bientôt elle dit ceci :

— Et cette madame Otai serait ma mère ?

— Oui. Comment s'appelait ta mère ?

— Tamiko. Cela signifie "la fille du peuple".

— Tamiko, je vois, approuvai-je. Tout le monde devait sûrement l'appeler O-tami. Mais, pour le jeune Yusuke, son nom s'est déformé en madame Otai. Peut-être qu'il n'arrivait pas à prononcer le m. Oui, ça doit être ça.

— Madame Otami…, murmura Sayaka, avant de relever la tête. Cela voudrait dire que ma mère venait ici ?

— C'est la seule explication. D'après ce que nous avons lu jusqu'à présent, il y a de grandes chances pour qu'elle ait été employée dans cette maison.

Sayaka pencha un peu la tête, regarda la flamme de la bougie. Peut-être essayait-elle de retrouver des souvenirs perdus ?

— Ta mère ne t'en a jamais parlé ?

Elle secoua aussitôt la tête.

— Non, jamais. De toute façon, je ne sais presque rien sur ma mère. Elle eut un rire léger avant de continuer : Je ne sais rien sur moi non plus, alors.

Je ne répondis pas et me replongeai dans le cahier de Yusuke.

— En tout cas, c'est bien ce que je pensais, vous avez vécu près d'ici jusqu'à une certaine période avant de déménager à Yokohama.

— Mais je me demande pourquoi mon père ne m'a jamais parlé de cette maison. Alors qu'il semble y avoir quelque chose d'important ici.

— C'est justement pour cette raison qu'il te l'a cachée.

— Oui, mais..., commença-t-elle en tendant lentement le bras vers le journal. Madame Otai..., murmura-t-elle, et elle jeta à nouveau un coup d'œil sur les pages qu'elle avait déjà lues. Tout cela en fait concernait ma mère. Celle qui était douée pour choisir les pastèques, celle qui venait préparer les repas de Yusuke, c'était ma mère.

Je voyais deux sentiments se mêler sur son visage : la joie de découvrir des souvenirs de sa mère qu'elle avait perdue enfant, et l'irritation de ne plus se rappeler les faits décrits dans le journal de Yusuke. Je restai silencieux un moment, me contentant de la regarder lire ici ou là les passages qui se rapportaient à madame Otai.

Revenue à la première page, elle posa le cahier sur la table. Elle poussa un petit soupir.

— On dirait que c'était quelqu'un de joyeux, ma mère...

— Ce n'est pas le souvenir que tu as d'elle ?

— Je crois, elle eut un rire léger. Dans mon souvenir maman était déjà malade.

— Dans ce journal, madame Otai ne donne pas l'impression d'être malade.

— Non.

Elle plongea la tête entre ses bras croisés.

Je continuai à feuilleter le cahier. Le nom de Sayaka apparaissait encore plusieurs fois.

"20 mai. Nuageux, pluie. En rentrant de l'école, Sayaka est venue s'amuser à la maison. Elle jouait à chat avec Chami. Chami aussi avait l'air contente d'avoir quelqu'un avec qui jouer."

"1er juin. Pluie. Alors que je travaillais dans ma chambre, Sayaka est entrée sans prévenir. Elle s'est excusée. C'était parce qu'elle cherchait Chami. Quand elle vient, la maison est plus gaie. Et l'autre ne la touche jamais."

— Il est clair que tu étais quelqu'un de précieux aux yeux de Yusuke et des Mikuriya, remarquai-je en lui montrant le cahier.

— Je me demande s'il a écrit quelque chose au sujet de ma famille.

— Peut-être que oui. Continuons à lire dans l'ordre chronologique.

Mais il n'y avait quasiment rien au sujet de la maison de Sayaka.

On sentait en progressant dans la lecture que le contenu du journal de Yusuke se bornait presque exclusivement à l'intérieur de sa maison. Une tendance qui s'accentuait à partir de la mort de son père. Il était évident que la cause en était l'autre.

"26 juin. Pluie. L'autre a passé sa journée à boire. Alors j'ai fait attention à ne pas trop sortir de ma chambre. J'ai verrouillé ma porte de l'intérieur. La nuit est tombée et l'autre est venu frapper. Ouvre, ouvre, qu'il criait à tue-tête. Je sais pas ce qu'il est capable de faire si j'ouvre. J'ai très peur. Même si le silence est revenu, j'ose même pas aller aux toilettes."

"10 juillet. Nuageux. L'autre est rentré pendant que je dînais. Comme il avait l'air saoul, j'ai tout de suite voulu monter dans ma chambre. Il m'a vu, m'a demandé pourquoi je fuyais, et il m'a bousculé. J'ai failli me faire très mal. Maman a essayé de l'arrêter, mais il s'est énervé de plus en plus, et il a renversé tout ce qu'il y avait sur la table. Il va pas bien dans sa tête."

Il y a escalade. La violence de l'autre s'accentue au fur et à mesure des descriptions du jeune Yusuke.

"12 août. Pluie. L'autre n'a qu'à disparaître. Jusqu'ici on vivait dans le bonheur, mais à cause de lui tout est ruiné. Cette maison est détruite."

"31 août. Soleil. Aujourd'hui c'est la fin des vacances. Je suis soulagé. Quand je suis à l'école, j'ai pas à le supporter. Ce serait bien s'il y avait pas de dimanches ni de jours fériés."

"8 septembre. Soleil, pluie. L'autre s'est encore agité. Je ne sais pas du tout pourquoi il est fâché. Il crie, il jette des objets et il a même cassé des vitres. J'ai voulu m'enfuir, mais il m'a lancé un cendrier. Je l'ai pris sur la tête et ça m'a fait très mal. Quand je touche je sens une bosse. Je l'ai regardé, alors il s'est énervé encore plus. Il m'a donné un coup de pied dans le ventre sur le côté. Maman ne faisait que de pleurer."

A force de lire ces récits de violence sur Yusuke, j'eus une idée. Je regardai Sayaka.

— Tu as peut-être vu des scènes comme celles-ci.

— Des scènes comme celles-ci ?

— Un homme violent avec un enfant. Ça ne te rappelle rien ?

Sayaka haussa les épaules, ses yeux papillonnèrent. Puis elle secoua la tête.

— J'ai l'impression d'avoir déjà vu ça quelque part. Peut-être à la télévision ?...

— C'est donc que cela ne t'a pas marqué plus que ça ?

— Hmm... Elle hocha la tête et me regarda d'un air interrogateur. A quoi tu pensais ?

J'hésitai un peu, passai ma langue sur mes lèvres avant de me lancer :

— Yusuke n'est plus un bébé, mais c'est encore un enfant. Et il est victime de violences de la part de l'autre. Ensuite Sayaka, c'est-à-dire toi, fréquente régulièrement la maison. Tu as dû être témoin de ce genre de scène.

— Qui se serait gravée dans ma mémoire, influençant mon comportement, faisant de moi une personne incapable d'aimer les enfants..., dit-elle d'un ton monocorde avant de me regarder droit dans les yeux. C'est ça que tu veux dire, n'est-ce pas ?

— Même si ce n'est pas toi qui as été directement victime de maltraitance, si tu as vu plusieurs fois ce genre de scène, ce ne serait pas étrange que cela t'ait marquée.

Ce que je venais de dire semblait l'avoir plongée dans une profonde réflexion, car elle garda le silence quelques minutes. Je décidai de me taire moi aussi. Le tonnerre grondait au lointain.

— Je ne sais pas trop, dit-elle toujours tête baissée, d'une voix un peu fébrile. J'ai besoin de plus de matière pour réfléchir.

— Tu as raison. Je ne cherche pas à t'imposer cette vision des choses. Je voulais juste dire que c'était une possibilité.

— Je comprends.

Elle prit le cahier de Yusuke.

— On a presque tout lu.

— Oui. Ce serait bien de trouver une piste.

Dans la suite du journal de Yusuke, il était question, comme auparavant, des traitements que l'autre lui infligeait ou de sa haine envers lui. Et, à la fin de cette année-là, Yusuke prend une décision.

"10 décembre. Nuageux. Je peux plus le supporter. J'en peux plus de cette maison. J'ai décidé de partir. Où est-ce que je vais aller ? N'importe où. Je veux plus rester ici. J'emporte tout mon argent, je prends le train et je vais le plus loin possible. Je ferai n'importe quel travail. Ce sera toujours mieux que de rester ici."

Il semble néanmoins qu'il n'ait pas mis son projet à exécution. Il n'y a pas d'explication claire à ce sujet. Mais cela ne paraît pas uniquement dû au fait que son impulsion se serait calmée. Par la suite, Yusuke parle toujours autant de son fort désir de quitter la maison familiale.

"30 décembre. Soleil. Encore un jour et cette année se termine. Elle a été la pire année de ma vie. Quand je pense que ça va recommencer l'année prochaine, j'ai l'impression de devenir fou. Je veux aller quelque part très loin. J'aimerais bien aller dans une ferme. Je veux vivre en m'occupant de vaches et de chevaux. Mais tout le monde va être embêté si je m'en vais. Je ne veux pas agir égoïstement. Comment faire ?"

"1er janvier. Nuageux, pluie. L'autre a voulu nous rassembler pour fêter le Jour de l'an. De toute façon ça devait être une excuse pour boire, parce qu'il a bu du vin et du whisky comme un trou. Mais il ne s'est pas énervé, et c'était presque malsain tellement il était de bonne humeur. Il m'a donné un billet de mille yens pour mes étrennes. J'ai décidé de m'en servir pour quitter la maison. Il peut être aussi gentil qu'il veut, il ne m'aura pas."

"3 janvier. Soleil. Il fait très froid aujourd'hui. Quand je suis sorti, j'ai mis pour la première fois les gants bleu clair que maman m'a tricotés. Ils sont chauds. Quand même, l'autre n'est resté calme que deux jours. Aujourd'hui, après le départ de mon oncle, il s'est brusquement énervé. Il prétend qu'on l'a pris pour un idiot. Il m'a frappé à la tête. Il a aussi frappé maman. Il ne me reste plus qu'à partir d'ici. Mais j'hésite encore. Je ne peux pas m'en aller tout seul."

Il est possible d'imaginer que, si Yusuke ne fugue pas, c'est parce qu'il ne veut pas abandonner sa mère. Ce sentiment est compréhensible. Ce qui l'est moins, c'est l'attitude de la mère. Pourquoi ne peut-elle pas empêcher l'autre d'agir comme il le fait ? Et, si elle n'y arrive pas, pourquoi reste-t-elle ?

Ensuite, jusqu'à la dernière page, datée du 10 février, c'est en gros la même chose. Le cœur de Yusuke balance entre le désir de fuir et le fait de ne pouvoir s'en aller seul.

Il y a juste un passage un peu différent.

"29 janvier. Soleil. Avec ce que j'ai vu hier, je n'ai pas pu me concentrer de la journée. C'est vraiment un sentiment très désagréable. Va-t-il recommencer cette nuit ? Peut-être que c'était comme ça jusqu'à maintenant. Hier dans la nuit je me suis levé pour aller aux toilettes, et j'ai entendu les voix par hasard, mais peut-être que jusqu'à maintenant je n'avais rien entendu. Si c'est le cas, c'est vraiment horrible. C'est dégoûtant. Aujourd'hui, en rentrant de l'école, je l'ai vu dans le jardin, mais je me suis enfui. Je sais pas comment je vais faire à partir de demain."

Je me demandais ce qu'il y avait eu la veille, mais il n'y avait rien d'écrit à la date du 28.

— Qu'a-t-il bien pu se passer ? Qu'est-ce que Yusuke a vu, à ton avis ? demandai-je à Sayaka.

— Il a entendu des voix pendant la nuit. Normalement, quand on entend des voix la nuit, on a peur.

— Mais Yusuke a trouvé ça dégoûtant.

— Et il a éprouvé un fort sentiment de rejet en imaginant que cela pouvait se reproduire tous les soirs.

— Dans ce cas...

— Oui.

Elle me regarda avant de baisser les yeux. Je soupirai. Je ne voyais rien qui puisse réfuter l'idée que Yusuke les avait peut-être vus faire l'amour. Dans ce cas, l'autre était bien son nouveau père.

Après avoir parcouru le journal de Yusuke jusqu'à la fin, je le refermai. Ses sentiments étaient contagieux. A mon tour je me sentais grave.

— Bon..., commençai-je en frappant mes genoux, maintenant qu'on a lu ce journal, qu'est-ce qu'on fait ?

— A vrai dire, dit-elle en regardant le dos du cahier, je me demande pourquoi ce journal se termine là. Il reste encore des pages.

— Il est peut-être parti.

— Il aurait fait une fugue ?

— On peut dire ça de cette façon.

— Tu ne trouves pas que c'est un peu brutal ? Bien sûr, il a écrit plusieurs fois qu'il voulait quitter la maison, mais il a toujours hésité après.

— Peut-être que quelque chose a fini par le décider.

— Dans ce cas, il en aurait parlé. Et puis moi, je pense que, si je faisais une fugue, je ne laisserais pas mon journal derrière moi. Ce serait la première chose que j'emporterais. Ou alors je le brûlerais.

— Oui, peut-être.

Je me suis tu. Je ne savais pas quoi dire. Elle avait effectivement raison.

— Mais il a dû se passer quelque chose à ce moment-là, dit Sayaka comme pour elle-même. La chambre de Yusuke donne l'impression d'être restée à l'état de chambre d'écolier en sixième année de primaire. Ça correspond à la fin de ce journal.

— Allons revoir sa chambre. On y trouvera peut-être une suite.

Elle se leva et prit la lampe.

Nous pénétrâmes dans la chambre de Yusuke, allumâmes une bougie et nous nous mîmes à vérifier. D'abord les livres de la bibliothèque, un à un, minutieusement, puis le bureau. Mais il n'y avait pas d'autre journal. Nous ouvrîmes également son petit placard. A l'intérieur, il y avait des sous-vêtements encore dans leur emballage, des chaussettes.

— Rien.

— On dirait, oui, dit Sayaka en s'asseyant sur le lit tout en continuant à fouiller dans le tiroir du bureau.

Les ressorts devaient être rouillés, il y eut un grincement métallique désagréable.

— Bon, dis-je en m'asseyant sur la petite chaise de Yusuke et en croisant les jambes, qu'est-ce qu'on fait ? Je n'ai pas l'impression qu'on trouvera quelque chose dans cette chambre. Dans ce cas, il ne reste plus que celle des parents. Le petit coffre-fort. Il faut l'ouvrir.

— Même si ce n'est pas grand-chose, ce serait bien de trouver des indices me concernant, ou concernant ma mère, lâcha-t-elle.

— La petite Sayaka et madame Otai…

Je portai la main à mon front.

D'après le journal de Yusuke, Sayaka et sa mère n'étaient que des tierces personnes pour les Mikuriya. Mais la cause de la perte de mémoire de Sayaka n'était-elle pas en relation avec ce qui s'était passé dans cette maison ?

Sayaka soupira, appuya ses doigts sur ses yeux.

— Tu dois être fatiguée, lui dis-je. L'obscurité, ça fatigue les yeux.

— Oui, un peu, me répondit-elle avec un pauvre sourire. Et elle retrouva son sérieux pour continuer : Tu avais peut-être raison tout à l'heure.

— Quand ça ?

— Tu disais que mon comportement était tordu parce que j'avais sans doute vu Yusuke se faire maltraiter à plusieurs reprises…

Je fronçai les sourcils.

— Mais non. J'ai juste dit que tu avais peut-être été influencée.

— Non. Je pense que c'est ça qui a fait de moi une tordue. Et tu as dû le remarquer.

— Pas du tout, répondis-je. Tu as tout d'une jeune femme normale, et si tu ne m'avais rien dit…

— Tu le penses vraiment ?

— Bien sûr. Sinon je ne serais pas sorti avec toi.

Elle passa la main dans ses cheveux, alluma puis éteignit la lampe posée sur ses genoux. A la lumière, je voyais assez loin sous sa jupe-culotte.

— Alors, commença-t-elle, et elle esquissa un sourire avant de continuer : Je me fais peut-être seulement des idées ?

— De quoi tu parles ?

— Cette fois-ci, j'ai repensé à toi. Quand nous étions ensemble. Je me suis demandé si à l'époque tu t'étais rendu compte que je n'étais pas normale. Tu as quand même cherché à me comprendre. Personne d'autre n'avait fait ça pour moi. C'est pour ça que j'étais amoureuse de toi.

Je ris maladroitement.

— Tu me surestimes un peu. On s'imagine des tas de choses quand on est amoureux. On se dit qu'on est différent des autres.

— Non. Comment dire ? Elle sourit en rougissant et haussa les épaules. C'est idiot. Ça ne sert à rien d'en parler maintenant. J'arrête. Excuse-moi si je t'ai blessé.

— Ça ne fait rien, tu sais.

Je croisai les bras et fermai les yeux sans pouvoir m'expliquer pourquoi.

2

Nous nous étions rencontrés parce que nous nous étions retrouvés dans la même classe en deuxième année de lycée. Je ne la connaissais pas avant. C'était une fille ordinaire, que l'on ne remarquait pas. C'est du moins ce que je pensais d'elle. Mais nous étions assis l'un à côté de l'autre et, quand nous avions commencé à parler, j'avais découvert que l'impression que j'avais d'elle était fausse.

Elle ne chahutait pas et ne criait pas sans raison comme la plupart des filles. Elle se tenait toujours en retrait, donnant l'impression d'observer pensivement ce qui se passait autour d'elle. Au début j'avais cru qu'elle était timide, mais je m'étais vite rendu compte que ce n'était pas le cas. Ses yeux, lorsqu'elle regardait ses camarades rire bêtement, étaient semblables à ceux d'un scientifique observant des animaux de laboratoire. Un peu comme si elle était spectatrice d'une pièce de théâtre intitulée "La Deuxième Année de lycée". En fait, elle ne tentait jamais de monter sur scène. Son aspect enfantin était en parfait décalage avec sa personnalité.

Cette Sayaka me paraissait pleine de fraîcheur. Je me disais que ce pourrait être amusant de parler avec elle. A cette époque j'étais prétentieux à cause de mes bons résultats et, même si en apparence je m'entendais avec tout le monde, je me disais intérieurement qu'ils étaient tous des gamins idiots.

— Tu as toujours l'air de t'ennuyer, lui avais-je dit une fois. J'ai l'impression que tu regardes tout le monde de haut.

Elle n'avait rien répondu à ce sujet, et m'avait retourné la question.

— Toi aussi, non ? Tu te comportes un peu de cette façon, je trouve.

Je l'avais bien pris.

— Moi ? Tu as raison, peut-être que je m'ennuie un peu.

Elle avait approuvé ma réponse en souriant :

— Moi aussi je m'ennuie un peu. Mais on n'y peut rien.

— Pourquoi ?

— Parce que... Elle avait haussé les épaules. Ce ne sont que des enfants.

Cette réponse m'avait abasourdi.

Une fois il y avait eu dans une salle de réunions publiques proche de l'école une conférence intitulée : "Le rôle des échanges entre étudiants pour une société internationale". Elle était destinée aux universitaires. J'y avais invité Sayaka.

— Je pourrais y aller seul, mais ce genre d'endroit, c'est mieux d'y aller à plusieurs pour pouvoir en discuter après. Et puis j'ai pensé que toi, tu ne t'endormirais pas avant la fin. Je suis sûr que les autres ne connaissent même pas le sens du mot "séminaire".

Elle avait ri légèrement et m'avait répondu que c'était sans doute le cas. Elle avait accepté l'invitation.

Ensuite, nous sommes rapidement devenus très proches. Nous discutions dans des salons de thé et nous nous donnions rendez-vous le week-end. Nous parlions de tout. La seule promesse que nous nous étions faite, c'était de ne pas perdre de temps avec des histoires idiotes.

— Cela faisait longtemps que je cherchais quelqu'un avec qui parler de cette façon, lui avais-je dit.

— Moi aussi, m'avait-elle répondu.

Bientôt nous nous embrassions dans les endroits sombres autour de chez elle et, environ un an après notre premier rendez-vous, nous avions fait l'amour dans sa chambre. Cela avait été ma première expérience. Pour elle aussi.

— Mais ça n'a aucune signification, lui avais-je dit à ce moment-là. Tout le monde le fait. C'est comme manger, s'habiller ou dormir. Ça n'a aucune importance.

Sayaka était d'accord avec moi.

— Il ne faudra pas faire chanter l'autre en utilisant cela comme un argument.

— Evidemment, avais-je répondu.

Je ne savais pas trop si c'était cela, comprendre Sayaka. Je pense plutôt que c'était elle qui essayait de me comprendre. Ce qui est sûr, c'est qu'à l'époque j'étais à la recherche de quelqu'un comme elle.

— Tu dors ?

J'ouvris les yeux en entendant sa voix. Elle avait les yeux levés vers moi.

— Non, je rêvassais.

— Je pensais aller voir dans l'autre chambre.

— Je t'accompagne, lui répondis-je en me levant de la chaise.

Sayaka se releva du lit. Sur le moment, je vis quelque chose de blanc dépasser de la couverture aux motifs en damier. On aurait dit un morceau de papier.

— Qu'est-ce que c'est ?

Je soulevai le coin de la couverture. Une feuille de couleur était posée à côté de l'oreiller. Je la pris. Beaucoup de petits caractères y étaient inscrits. Plusieurs mains différentes semblaient y avoir écrit quelque chose. Je braquai la lampe dessus. Une des phrases me sauta aux yeux. Je me figeai aussitôt.

— Qu'y a-t-il ? demanda Sayaka.

Je lui tendis lentement la feuille de papier coloré en lui désignant une des phrases. Elle ouvrit grands les yeux, elle semblait submergée par l'émotion.

"Yusuke Mikuriya, que ton âme repose en paix", y lisait-on.

3

Je ne peux pas affirmer que je n'avais pas pensé à cette éventualité. Je m'étais dit qu'un événement de cet ordre avait pu être à l'origine de la brusque interruption du journal de Yusuke, ou de l'arrêt du temps dans sa chambre alors qu'il était en dernière année d'école primaire. Mais cette hypothèse était trop triste pour que j'ose l'énoncer à voix haute.

Tout en tenant le papier de couleur, je m'assis à nouveau sur la petite chaise. Puis je lus une à une les phrases écrites dessus.

"Mikuriya, sois heureux au paradis. Hiromi Yamamoto."

"Au revoir. Je garde précieusement ta maquette d'avion de guerre. Yoichi Fujimoto."

"Je ne peux pas le croire. Je suis très triste. Je voulais jouer encore. Hiroshi Ono."

Des signatures de toutes les couleurs témoignaient du chagrin d'avoir perdu un camarade de classe. Le professeur avait dû remettre la feuille à la famille le jour des funérailles. On devinait sans peine que chaque mot avait fortement remué sa famille, sa mère surtout.

Deux phrases retenaient particulièrement mon attention :

"Un peu plus et c'était la fin du primaire, je suis triste. Yasuko Ota."

"Tous les ans, le 11 février, je penserai à toi, Yusuke Mikuriya. Osamu Tadokoro."

Que ce fût bientôt la fin du primaire signifiait qu'il était bien mort en sixième année, et le 11 février, c'était le lendemain de la dernière date inscrite dans le journal. Yusuke n'avait pas arrêté d'écrire son journal : il n'avait pas pu le continuer.

— Qu'en penses-tu ? demandai-je à Sayaka en lui remettant le papier de couleur.

— De quoi ?

— De la cause de sa mort. Pourquoi est-il mort aussi soudainement ? A lire son journal, il n'a pas l'air malade.

— Alors c'est un accident. De la circulation, par exemple.

— C'est à ça qu'on pense en premier. Si un écolier est victime d'un accident, on pense tout de suite à un accident de la circulation.

— Tu n'y crois pas ? questionna-t-elle en levant les yeux et en penchant légèrement la tête.

— Non, je n'ai aucun argument valable. Mais j'ai le sentiment que ce n'était pas un simple accident. Tu te souviens de ce qui est écrit à la fin de son journal ? Au sujet de l'autre, il a écrit qu'un type pareil, il n'avait qu'à mourir. Jusque-là, il avait beaucoup de paroles haineuses, mais c'est la première et la dernière fois qu'il écrit souhaiter sa mort. Et, le lendemain, ce n'est pas l'autre mais lui qui meurt. Est-ce qu'on peut classer ça dans la catégorie des pures coïncidences ?

Le visage de Sayaka se crispa.

— Que veux-tu dire ?

— Encore une fois, je n'en sais rien. C'est juste que quelque chose ne colle pas, c'est tout.

— A t'entendre parler, on dirait que la mort de Yusuke a été préméditée.

— Rien ne prouve non plus qu'il est mort par accident.

— Si sa mort n'est pas accidentelle, alors quoi ? Il aurait été tué ? Sayaka me regardait fixement, toujours debout. Elle avait l'air fâchée, ce qui m'a surpris.

J'esquissai un sourire.

— Il n'y a pas que les meurtres qui sont prémédités.

— Que veux-tu dire ?

— Il y a aussi les suicides.

Elle déglutit.

Je poursuivis en observant son expression :

— On ne sait pas qui était l'autre, mais ce qui est sûr, c'est que Yusuke était tourmenté. De là, on peut imaginer qu'il s'est donné la mort.

— Il n'a pas l'air de quelqu'un de faible.

Sa réplique me donna l'impression qu'elle s'était attachée à lui.

— Il n'est pas dit que tous ceux qui se suicident soient faibles. Mais bon, comme je l'ai dit au début, on n'a aucune preuve. Je dis juste qu'il faut tenir compte de toutes les éventualités.

Mais elle gardait le silence et n'avait pas l'air d'accord.

— Quoi qu'il en soit, je propose que nous allions dans la chambre des parents.

Je me levai à nouveau de la chaise. Sayaka replaça le papier de couleur à côté de l'oreiller et remis en place la couverture.

Nous repartîmes vers la chambre des parents où, nous répartissant la tâche, nous vérifiâmes tout de fond en comble. Sayaka pensait que nous trouverions peut-être le journal du père de Yusuke. C'était lui qui avait conseillé à son fils d'en tenir un, il était par conséquent possible que lui aussi ait eu cette habitude.

Mais, quand bien même nous le trouverions, je me demandais dans quelle mesure ce journal pourrait nous être utile puisqu'il n'était déjà plus de ce monde à la mort du garçon.

Je m'approchai du placard dans l'intention de me mesurer au petit coffre-fort. Il était vieux mais solide. Il n'allait pas être facile de le forcer.

Au milieu de ces considérations, j'entendis Sayaka qui disait :

— Qu'est-ce que c'est que ça ?

Je regardai dans sa direction. Elle était à quatre pattes et fouillait d'une main sous le bureau. Bientôt elle en sortit un sac marron.

— On dirait qu'il contient quelque chose, dis-je.

Elle regarda à l'intérieur :

— On dirait des lettres.

— Sors-les pour voir.

Après avoir jeté un coup d'œil autour d'elle, elle décida finalement de les étaler sur le lit. Il y avait une dizaine de feuillets pliés au format d'une enveloppe. Il n'y avait pas trace des enveloppes. Je pris une lettre. Un reste de gomme craquelée était collé au bord. Elles avaient dû être rassemblées par des élastiques autrefois.

La première lettre que je pris s'étendait sur trois feuillets. Avant de parcourir le texte, je regardai la fin. Je voulais connaître l'expéditeur et le destinataire.

"30 août, Keichiro Mikuriya.

A l'attention de monsieur Masatsugu Nakano."

En découvrant cela, je ressentis la même chose que si l'on m'avait menti. J'étais persuadé que ces lettres avaient été reçues par monsieur Mikuriya, mais c'était manifestement le contraire. Je le dis à Sayaka.

— Là aussi on dirait que c'est pareil, me répondit-elle tandis qu'elle vérifiait les autres lettres. C'est la même chose pour toutes. Elles ont été adressées par Keichiro Mikuriya à Masatsugu Nakano.

— Keichiro Mikuriya, c'est sans doute le père de Yusuke. Mais qui est ce Masatsugu Nakano ?

— J'ai l'impression d'avoir déjà vu ce nom tout à l'heure. C'était où déjà ? dit-elle tout en se dirigeant vers la bibliothèque.

Je reportai mon regard sur la lettre que je tenais entre les mains. Après la formule de politesse et les salutations de rigueur, on lisait ceci :

"Je vous remercie beaucoup de tout ce que vous avez fait pour mon fils. Je viens juste de recevoir l'avis favorable de l'école concernant son admission. Grâce à cela, je n'ai plus à me faire de souci pour l'avenir, il pourra se débrouiller sans vivre dans l'oisiveté ni se comporter de manière malhonnête. Je vous remercie infiniment.

"Pour dire la vérité, j'ai l'impression d'avoir un poids en moins sur les épaules. On m'a conseillé de l'exhorter à faire plus d'efforts, mais je pense que c'est bien comme ça. Dans une mesure d'un go, on ne peut verser qu'un go de saké. J'ai abandonné l'idée qu'il valait plus que cela. Je vous ai causé bien du tracas et j'en suis profondément désolé."

Perplexe, je me demandais de quoi il s'agissait. Je ne pouvais pas croire que le fils mentionné dans cette lettre fût Yusuke Mikuriya. La suite de la lettre prouvait le contraire. Et qu'est-ce que c'était que cette histoire d'admission ?

— J'ai trouvé, regarde. Sayaka revenait, un vieux livre assez épais à la main. Tu vois, c'est l'auteur de ce livre.

Elle me montra un ouvrage intitulé "Systèmes juridiques". Le directeur de la publication en était Masatsugu Nakano.

J'ouvris le livre à la recherche d'informations à son sujet. En dernière page on trouvait une notice biographique. Celle-ci mentionnait qu'il était professeur de droit à l'université X, et l'on pouvait déduire de sa date de naissance que, s'il était encore en vie, il avait plus de quatre-vingt-dix ans.

— Keichiro Mikuriya était peut-être un élève de Masatsugu Nakano. Ou alors un condisciple plus jeune, dis-je à Sayaka en lui montrant la lettre que je venais de lire.

Elle eut d'abord l'air de ne rien comprendre.

— C'est qui ce fils ? Yusuke ?

— Ce serait bizarre, répondis-je en regardant la date de publication de "Systèmes juridiques".

Elle remontait à plus de trente ans. Mais mon regard fut attiré par autre chose, juste à côté :

— Tiens ?...

— Qu'y a-t-il ?

— Regarde ça. Ce livre aussi a été acheté dans une librairie d'occasion.

Je lui montrai le prix écrit au crayon juste à côté de la date de publication. Sayaka se raidit.

— C'est bizarre pour un professeur d'acheter ce genre de livre dans une librairie d'occasion.

Son regard allait du livre à moi. Je secouai la tête pour lui signifier que je ne comprenais pas davantage.

— Bon. Examinons plutôt les lettres.

Elles étaient datées, mais sans mention de l'année, si bien qu'il était impossible de les lire dans l'ordre chronologique. Assis côte à côte sur le lit, nous nous répartîmes la tâche, lisant à la lumière de la lampe torche. L'orage était fini, il ne pleuvait plus. Mais le vent qui soufflait en tempête sifflait d'une manière sinistre.

"Merci beaucoup pour les excellents produits reçus l'autre jour. Je les aime beaucoup, et ma femme encore plus. Elle était vraiment contente.

"Quant à mon fils, professeur, il a encore échoué cette année, malgré votre soutien. C'est vraiment un bon à rien. En le voyant au jour le jour, je me dis que tous les jeunes aujourd'hui sont ainsi, et en même temps je pense qu'il est particulièrement fainéant. En tout cas mon mal de tête ne s'arrête jamais. Je suis déprimé à l'idée que cela dure encore une année. Et je n'ai aucune garantie que mes tourments prennent fin l'année prochaine. La vie serait-elle plus difficile aujourd'hui que de mon temps ?

"Veuillez m'excuser, je ne devrais pas me plaindre. Je suis rassuré quant au fait que vous allez bien. Il commence à faire froid. Prenez bien soin de vous."

Cette lettre était datée du 20 décembre. Keichiro Mikuriya avait reçu d'"excellents produits" de la part de Masatsugu Nakano. Il était difficile d'imaginer qu'un supérieur envoie un cadeau de fin d'année à un inférieur, c'était donc qu'auparavant Keichiro Mikuriya lui avait envoyé un cadeau, et qu'il avait reçu quelque chose en retour.

Mais ce qui était frappant ici, c'était que le fils de monsieur Mikuriya avait échoué à un examen. Quel genre d'examen ? D'après la lettre, il s'agissait d'un examen annuel.

— Tiens, lis ça, tu vas voir, me dit Sayaka alors que j'étais plongé dans mes réflexions. Le nom de Yusuke apparaît ici.

Je pris la feuille qu'elle me tendait, j'y jetai un coup d'œil.

"Merci pour la lettre de félicitations que je viens de recevoir. Avant la naissance, il m'était égal que ce soit une fille ou un garçon mais, quand j'ai su que c'était un garçon, je me suis réjoui intérieurement. Cela vous fera peut-être sourire.

"Je l'ai appelé Yusuke. J'ai réfléchi toute une nuit avant de décider. Je prie pour que lui, en revanche, soit capable de venir en aide à son prochain, comme le signifient les caractères chinois de son nom.

"Quand Yusuke sera un peu plus grand, j'espère pouvoir vous rendre visite en famille. Je me permettrai de vous recontacter le moment venu. Je vous remercie encore."

Je levai la tête après avoir relu le passage suivant :

— "Je prie pour que lui, en revanche"…

— Moi aussi, c'est ce qui me turlupine, dit Sayaka. C'est comme si, avant Yusuke, il y en avait eu un autre qui l'avait déçu.

Je repris la lettre que j'avais lue avant.

— Yusuke n'est pas l'aîné. L'aîné, c'est le fainéant dont il est question dans ces lignes. Le couple Mikuriya avait deux fils.

— Tu veux dire qu'ils étaient quatre dans la famille ?

— Cela semble logique.

— On dirait qu'il y a une grande différence d'âge entre les deux.

— Tu disais tout à l'heure que Yusuke semblait né sur le tard. On pourrait même supposer que la grand-mère de tes albums était la mère de Yusuke.

— Mais oui…, acquiesça-t-elle en se rapprochant de moi pour lire la lettre que j'avais entre les mains. C'est quoi cet examen ?

— J'ai réfléchi à ce sujet. C'est peut-être le concours de la magistrature. D'après ce qui est écrit, ça ne ressemble pas à un examen universitaire. Je ne vois rien d'autre qui expliquerait l'insistance de son père.

— Monsieur Mikuriya était juriste. Il souhaitait peut-être le voir prendre sa suite.

— Sans doute. Mais l'aîné passe plusieurs fois l'examen sans succès. Alors le père abandonne l'idée de faire avancer son fils aîné sur la voie juridique, et décide d'en faire un enseignant.

— Un enseignant ?

— C'est là, dis-je en lui montrant la première lettre. Tu vois, il est écrit qu'il y a un avis favorable de l'école. Ce que je pense, c'est qu'il a été employé comme enseignant. Comme il a fait du droit, il a dû enseigner les sciences sociales.

— Un go de saké dans une mesure d'un go ?… Sayaka rentra le cou dans les épaules. C'est alors que monsieur Mikuriya a misé toutes ses espérances sur Yusuke.

— C'est ce que je pense. Malheureusement, le père est mort trop tôt. Mais c'était peut-être mieux ainsi. S'il avait vécu, il aurait été éprouvé par la mort de son fils.

— Ah…, dit-elle et ses sourcils bougèrent soudain comme si elle venait de s'apercevoir de quelque chose. Si tous les espoirs de monsieur Mikuriya se sont reportés sur Yusuke, je me demande ce qu'a pu ressentir le fils aîné abandonné.

— On dirait que tu penses à la même chose que moi, lui dis-je.

Elle écarquillait les yeux.

— Toi aussi, tu crois que l'autre, c'était le fils aîné ?

— Je pense qu'il n'y a aucun doute. Quand Yusuke commence son journal, le fils aîné ne vit pas à la maison. Il revient après la mort de son père.

— Et il maltraite Yusuke.

— C'est ça.

Sayaka fit la grimace.

— Lisons le reste. Nous nous ferons une opinion après.

— Oui.

Elle tendit la main vers le paquet de lettres.

Nous ne nous étions sans doute pas trompés de beaucoup dans nos suppositions. D'après ce qui était écrit, nous comprenions à peu près la situation de la famille Mikuriya.

"Merci pour votre lettre. Le jeune Uno est-il de retour ? Sa manière de travailler est aussi très appréciée parmi nous. Quand il rentrera, essayons de nous rencontrer tous, voulez-vous ?

"Mais je suis surpris que vous soyez au courant de la naissance imminente d'un deuxième enfant. Je considérais qu'il était trop tôt pour s'en réjouir, c'est pourquoi je ne vous en ai rien dit. Je vous prie de me pardonner. Et, comme le premier est un garçon, maintenant cela m'est égal que ce soit un garçon ou une fille."

Cette lettre avait dû être rédigée avant la naissance de Yusuke. Monsieur Mikuriya dit qu'il lui est "égal que ce soit un garçon ou une fille" mais par la suite il se réjouit que ce soit un garçon.

Quant au fils aîné, on dirait qu'une fois devenu professeur, il s'est marié. Et Masatsugu Nakano a sans doute assisté à la cérémonie. Une autre lettre en parle :

"Je suis un peu soulagé que la cérémonie de mariage de mon fils soit terminée. Je vous prie de m'excuser de ne pas avoir pu vous saluer comme il convient ce jour-là. Mon fils et son épouse reviennent tout juste de leur voyage de noces, et ils nous ont rendu visite. Je souhaite que ce mariage le rende un peu plus adulte. Le discours des témoins n'était peut-être pas assez clair, alors laissez-moi vous donner quelques explications. Sa jeune épouse est la fille de parents éloignés qui travaillent dans la vente en gros d'aliments. De deux filles, elle est la cadette, qui après avoir été diplômée d'une école de commerce a travaillé dans l'entreprise de ses parents. Elle a un bon tempérament, mais elle a l'air d'avoir une constitution fragile, ce qui m'inquiète un peu. J'aurais préféré pour mon fils qu'elle soit un peu plus solide, mais je devrais lui être reconnaissant de bien vouloir épouser un garçon pareil.

"Je me permettrai sans doute encore de vous demander conseil à l'avenir. Je vous en remercie à l'avance.

"Le temps instable semble vouloir durer. Je vous prie de faire attention à vous."

D'après cette lettre, monsieur Mikuriya continue de s'inquiéter au sujet de son fils. On peut dire qu'il est doué d'une grande faculté de discernement, si l'on en croit les deux lettres suivantes :

"J'ai tardé à vous tenir au courant, mais mon fils vient de se remarier. Le métier de sa nouvelle femme est de jouer du piano. Elle n'a pas de parents. Et, si elle joue du piano, ce n'est pas dans de respectables salles de concert, mais dans un cabaret, pour des gens venus boire. C'est là qu'ils se sont rencontrés.

"Comme vous le savez, sa première femme est morte de maladie deux ans à peine après leur mariage. Ensuite vous m'avez proposé plusieurs partis, que j'ai refusés en son nom. Parce que, selon moi, mon fils n'est pas encore capable de prendre soin d'une famille. J'ai le sentiment que sa première femme a été sa victime, et cette pensée m'est insupportable.

"Je ne sais pas si, depuis, mon fils a mûri. En tout cas, je prie pour qu'il devienne adulte rapidement."

La première femme de l'aîné est morte. Sans doute d'une maladie grave. Et le remariage se solde à son tour par un échec.

"Je vous prie de m'excuser de vous causer toujours autant de tracas. J'ai déjà pu résoudre l'aspect financier du problème, tant bien que mal. Du côté de l'école la situation semble pouvoir se calmer s'il démissionne. Cette fois-ci, je suis complètement vidé de mon énergie, à force de honte et d'énervement. L'autre jour la famille s'est réunie chez nous, nous avons parlé de ce qu'avait fait mon fils mais, envers un homme qui a commis une telle monstruosité, je n'ai pas eu la moindre compassion. Qu'un professeur s'adonne aux jeux d'argent est déjà une chose inadmissible ; mais qu'il emprunte une grosse somme, qu'il plonge autant de gens dans l'embarrras sans en éprouver le moindre remords l'est encore davantage, et l'on a exigé qu'il soit immédiatement mis sous tutelle. J'avais tellement honte que je n'ai même pas pu m'y opposer.

"Je me dis que je devrais le placer sous ma surveillance, tout recommencer à zéro avec lui, mais je ne suis plus tout jeune. Et, si cela ne marchait pas, il serait un mauvais exemple pour Yusuke. A dire vrai, ce n'est pas pour lui que je suis le plus inquiet, mais pour l'avenir de Yusuke. Heureusement, cet enfant n'a pas l'air de trop s'en préoccuper.

"Je me demande comment mon fils compte vivre maintenant que sa deuxième femme l'a quitté. Je n'en ai moi-même aucune idée. En tout cas je ne vais pas le lâcher. J'aimerais le voir avancer sur le chemin de la respectabilité.

"De votre côté, comment allez-vous ? Je connais un très bon médecin. Si vous voulez faire appel à lui, prévenez-moi."

Comme l'année n'est pas indiquée, on ne peut pas savoir combien de temps dure le second mariage de l'aîné. Mais cette lettre nous permet d'imaginer les circonstances dramatiques dans lesquelles s'est terminée cette histoire.

— On dirait que c'est un cas désespéré, le grand frère de Yusuke, me fit remarquer Sayaka en soupirant.

— Nous commençons à avoir une petite idée de la situation. L'autre est bien son frère aîné. Reste à connaître la cause de la mort de Yusuke.

— Oui, acquiesça-t-elle en promenant un regard inquiet sur le mur. Je me demande si ma mémoire reviendra quand on la connaîtra.

— C'est impossible à dire, lui répondis-je franchement. Peut-être que tu ne faisais que venir jouer ici.

Mais elle pencha la tête d'un air dubitatif. Je lui demandai alors :

— Il n'y a plus de lettres ?

— Il en reste une.

Je dépliai la dernière lettre et y jetai un coup d'œil. Il n'y était question ni de Yusuke, ni du frère aîné. L'essentiel de la lettre concernait le travail. Je pensai que cela n'avait rien à voir et, au moment où j'allais le dire à Sayaka, mes yeux se fixèrent sur le post-scriptum. Un cri m'échappa.

— Qu'y a-t-il ?

Je lui tendis la lettre sans rien dire. Et je vis le visage de Sayaka se durcir au fil de sa lecture. Quand elle arriva à la fin, ses yeux étaient rouges.

— C'est lui, mon père ? me dit-elle.

— On dirait, lui ai-je répondu.

On pouvait lire ceci :

"P.-S. Mon chauffeur et notre femme de ménage ont décidé de se marier. Je vous ai déjà parlé de mon chauffeur, c'est l'homme qui a essayé de nous cambrioler. Quand je vois comment il s'est reconverti, cela me rappelle douloureusement que notre rôle n'est pas que de condamner."

Sayaka relut le passage. Ses mains qui tenaient les feuillets tremblaient légèrement.

— Papa aussi était ici, il vivait ici.

— Si on y réfléchit, dans la mesure où ils ont les moyens d'avoir une femme de ménage, il n'est pas étrange qu'ils aient aussi un chauffeur. J'aurais dû y penser.

— Mais que mon père soit un voleur, quand même...

— A l'époque, tout le monde se trouvait dans une situation désespérée. Il n'y a pas de quoi en faire un drame. D'ailleurs, si l'on s'en tient au texte, il n'y a pas eu crime et il semble que la police n'ait pas été prévenue.

— Et il est même devenu leur chauffeur...

— Les Mikuriya ont cru en ton père. Ils ont compris que sa tentative de cambriolage n'était qu'un égarement.

— Tu veux dire que mon père a eu de la chance ?

— En quelque sorte, lui répondis-je.

Sayaka se leva, la lettre à la main, et marcha en rond dans la pièce.

— C'était son bienfaiteur, dit-elle. Monsieur Mikuriya était le bienfaiteur de mon père.

— On dirait, oui.

— Dans ce cas..., dit-elle en me regardant. Nous nous trouvons dans la maison de la grand-mère. Madame Mikuriya. Puisque mon père disait toujours que la grand-mère l'avait sauvé.

Rien ne me permettait de contredire sa déduction. Je continuai à hocher la tête.

— Mais..., commença-t-elle, l'air sombre. Pourquoi mon père ne m'en a-t-il pas parlé ? Il aurait dû.

— En général, les parents n'aiment pas trop évoquer leurs erreurs passées.

Sayaka pencha la tête et me montra la lettre :
— Tu penses que je peux emporter ça ?
— Je crois. A part toi, personne ne la réclamera.

Sayaka esquissa un sourire. Elle replia soigneusement la lettre et la glissa dans la poche de son pantalon.

Je me levai.
— J'y vais.
— Où ça ?
— Chercher les outils dans la voiture. Je vais me mesurer à ça, lui dis-je en montrant le petit coffre-fort. Même si on ne sait pas ce qu'il y a dedans.
— Ce n'est pas sûr que tu puisses l'ouvrir.
— Il faut essayer, dis-je en sortant de la chambre.

Dehors, une pluie fine tombait doucement. La végétation environnante avait disparu dans la nuit. Le sol était très humide et, le temps d'aller jusqu'à la voiture, mes chaussures furent pleines de boue.

Pourquoi avoir construit une maison dans un endroit pareil ? La question me venait soudain à l'esprit. Une résidence secondaire, à la limite, on pouvait le concevoir. Mais pour le quotidien d'une famille, en revanche, ce n'était pas vraiment pratique.

Je pensai à nouveau qu'il y avait trop de choses bizarres.

En fait d'outils, ce que j'avais dans le coffre tenait plutôt de l'équipement pour bricoleur du dimanche. J'emportai le tout dans la maison en me demandant ce que j'allais bien pouvoir en faire.

A mon retour dans la chambre, je trouvai Sayaka qui dormait sur le lit, recroquevillée comme une crevette. Cela n'avait rien d'étonnant, elle devait être éprouvée physiquement et psychologiquement. Je posai la boîte à outils sur le sol en faisant attention à ne pas faire de bruit et m'assis sur le rocking-chair. Je sursautai parce que le bois avait grincé, mais Sayaka ne se réveilla pas.

Tout en observant la pièce, je me mis à réfléchir au sujet du contenu du journal de Yusuke et des lettres de son père. Leur lecture permettait de reconstituer la situation dans ses grandes lignes.

Au départ, il s'agit d'une famille de trois personnes. Le couple des Mikuriya et leur fils. Une madame Otai, c'est-à-dire Tamiko Kurahashi, vient de temps en temps. Tamiko prend un congé pour cause de maternité.

Le chef de famille, Keichiro Mikuriya, veut que son fils devienne juriste comme lui. Mais cela ne se passe pas comme il le voudrait.

Bientôt monsieur Mikuriya a un deuxième enfant. C'est le jeune Yusuke. Il met tous ses espoirs en lui. Le fils aîné, qui a abandonné le rêve de devenir juriste, devient enseignant, se marie, mais sa femme meurt au bout de deux ans. Puis un certain temps s'écoule avant qu'il ne se remarie avec une pianiste. Ensuite ce fils aîné sombre dans les jeux d'argent et contracte une forte dette. L'affaire ayant éclaté au grand jour, il doit démissionner de son poste de professeur. Sa femme le quitte.

L'hiver où Yusuke est en cinquième année de primaire, monsieur Mikuriya meurt. Probablement d'une grave maladie cérébrale. L'aîné revient s'installer dans la maison familiale.

Et, pendant environ un an, les maltraitances de l'aîné se poursuivent. Au point que Yusuke écrit qu'un type pareil n'a qu'à mourir.

Enfin, le 11 février, Yusuke meurt.

Rétrospectivement, on pouvait comprendre pourquoi il régnait une atmosphère malsaine dans cette maison. Pour employer des termes non scientifiques, on y ressentait une sorte de malédiction. Et ce qui était important pour nous, c'était de savoir si cette malédiction pouvait être à l'origine de la perte de mémoire de Sayaka.

Juste au moment où je me faisais ces réflexions, Sayaka poussa une sorte de cri. Je me levai brusquement.

Elle se tordait en gémissant sur le lit. Comme un serpent qui agonise. Je m'approchai d'elle et la secouai par les épaules.

— Qu'y a-t-il ? Réveille-toi.

Je lui tapotai les joues.

Elle entrouvrit les yeux. Ses pupilles noires s'agitaient comme si elle cherchait quelque chose, puis elle me regarda. Ses épaules tremblaient.

— Que se passe-t-il ? Tu as fait un cauchemar ?

Elle porta ses mains à ses joues pâles et regarda autour d'elle d'un air effrayé.

— Le vase noir et les rideaux verts…, murmura-t-elle, le regard absent.

— Quoi ?

— Je suis sûre que c'était là. Le vase noir et les rideaux verts. J'y suis allée, dans cette chambre.

— Quelle chambre ?

— Là-bas, dit-elle, et elle se leva, se dirigea vers la porte en chancelant. Je la suivis avec la lampe.

Elle descendit au rez-de-chaussée. Traversa le salon, se dirigea vers la cuisine. Mais elle s'arrêta avant, dans le petit couloir.

— Qu'y a-t-il ? lui demandai-je.
Elle montra le mur.
— Elle était là.
— Là ? Quoi donc ?
— La porte.
— Quelle porte ?
— Il y avait une porte ici, par laquelle on entrait. Dans cette chambre, il y avait un vase noir et des rideaux verts. Et ici, moi...
Après ces mots, Sayaka s'écroula.

4

La poupée sur le piano continuait à nous observer.
J'avais étendu Sayaka sur le sofa, où elle reprit ses esprits quelques instants plus tard. Mais je ne sus pas immédiatement si elle était vraiment réveillée. Elle avait soulevé les paupières mais gardait le silence, les yeux rivés au plafond.
— Sayaka.
Ses pupilles noires se dirigèrent lentement vers moi, et elle cligna plusieurs fois des paupières.
— Excuse-moi, répondit-elle d'une voix faible.
— Ça va ?
— Oui. Maintenant, ça va.
Elle se redressa. Mais, encore troublée, elle ferma les yeux et resta un moment sans bouger.
— J'ai eu peur quand tu t'es écroulée brusquement, lui dis-je.
Elle eut un petit sourire.
— Tu as raison. C'est la première fois que cela m'arrive. Comme si les nerfs de mon cerveau s'étaient

engourdis, j'ai eu un vertige violent, et après je ne me souviens plus de rien.

— Tu as mal quelque part ?

— Non. Ça a l'air d'aller.

Je m'assis à côté d'elle.

— Tu as dit quelque chose de bizarre avant de t'écrouler.

Elle se frotta le bras droit avec la main gauche.

— Oui, quelque chose de bizarre.

— Tu as rêvé ?

— Hmm, en quelque sorte. Mais c'était un peu différent. J'ai vraiment eu l'impression de voir quelque chose.

— Quoi donc ?

— Justement, cette chambre avec le vase noir et les rideaux verts.

Elle se leva en chancelant pour se diriger vers l'endroit où elle s'était écroulée. Je la suivis.

— Il y avait une porte ici par laquelle on entrait, répéta-t-elle en montrant le mur dans le petit couloir.

— Mais il n'y a pas de porte, lui dis-je. Il n'y a pas de chambre non plus. De l'autre côté de ce mur, c'est la pièce à tatamis.

— C'est vrai. Sayaka appuyait sur ses tempes. Mais je suis sûre d'être entrée dedans par une porte qui se trouvait ici. C'est bizarre. Vraiment. Pourquoi n'est-elle pas là ? Elle eut un petit rire découragé. C'est idiot, hein ? Ce qui n'existe pas n'existe pas, ce n'est pas la peine d'insister.

— Tu es sûre de ne pas confondre avec une autre pièce ?

Elle sembla admettre l'éventualité et se plongea dans ses pensées. Mais cela ne dura pas longtemps. Elle secoua la tête d'un air encore plus convaincu qu'auparavant.

— Il n'y a aucun doute, c'était ici. En ouvrant la porte, on avait vue sur la cuisine, comme ça.

Je poussai un soupir avant d'éclairer l'endroit avec la lampe torche. Mais il n'y avait pas trace d'une ancienne porte qui aurait été murée.

Je remarquai cependant le pilier qui se trouvait à proximité.

— C'est quoi, ça ?

Juste à hauteur de mes yeux, un trait horizontal de trois centimètres semblait tracé au feutre.

— Il y en a un autre un peu plus bas aussi, dit Sayaka.

Elle avait raison. Quelques centimètres au-dessous du trait, il y en avait un autre semblable. Et plus bas il y en avait encore plusieurs.

— C'est sans doute pour mesurer la taille.

— La taille ?

— Tu connais la comptine ? On la chante en marquant la croissance sur un pilier.

— Aah, c'est ça.

Je n'avais pas le souvenir d'avoir fait cela enfant et je pensais que cela n'existait que dans les chansons. Ce fut une véritable découverte pour moi de constater que des gens le faisaient vraiment.

Je fis courir le faisceau lumineux le long du pilier. Le trait le plus bas se trouvait à quatre-vingts centimètres du sol. Et à cet endroit il y avait une inscription à côté du trait.

— C'est écrit quoi ? demanda Sayaka.

J'eus du mal à déchiffrer.

— Yusuke, trois ans, 5 mai.

— Aah, alors c'était bien ça, dit-elle en hochant la tête. Ce sont les marques de la croissance de Yusuke.

— Mais c'est bizarre.

— Pourquoi ?

— Regarde le trait le plus haut. Il est à plus d'un mètre soixante-dix du sol.

— Ça alors…

Sayaka en resta bouche bée. Puis elle referma la bouche et ouvrit de grands yeux avant de continuer :

— C'est vrai qu'il est mort quand il était en sixième année de primaire.

— Sixième année, ça correspond à l'âge de onze ou douze ans. Même pour un enfant particulièrement grand, ce n'est pas possible, un mètre soixante-dix.

— Alors c'est la croissance de qui ?

— Si ce n'est pas Yusuke, ce serait son frère aîné, proposai-je en éclairant un à un les traits sur le pilier. Dans ce cas, son nom devrait être inscrit quelque part.

— Oui…

Ne pouvant avancer de réponse convaincante, je gardai le silence.

— Occupons-nous plutôt de la porte, lui proposai-je. Tu es certaine qu'il y avait une porte et tu te rappelles être entrée par là dans une chambre ?

Elle hocha la tête en silence.

— As-tu d'autres souvenirs au sujet de cette pièce ? A part le vase et les rideaux ?

— A part ça… Elle dirigea son regard incertain hors de la portée du cercle de lumière de la lampe. J'ai l'impression qu'il y faisait sombre, très sombre.

— Et qu'est-ce que tu faisais dans cette chambre ? Il s'y est passé quelque chose ?

— Je me le demande. Je ne sais plus. Je ne me souviens pas.

Elle prit sa tête entre ses mains. Elle continua à me regarder ainsi. Il y avait de la peur dans ses yeux.

— Qu'y a-t-il ?

— Je n'arrive pas à me souvenir de ce qui s'est passé, mais j'ai l'impression que j'ai eu très peur.

— Peur ?

— Oui. Quand je pense à cette pièce, je deviens très angoissée. C'est comme s'il y avait une autre moi-même en moi qui me disait de ne pas m'approcher. Comme si je m'interdisais à moi-même de m'en souvenir…

Ne pouvant y tenir plus longtemps, elle s'appuya contre le mur à proximité.

— J'ai mal à la tête.

— On va se reposer un peu.

Je la fis asseoir une nouvelle fois sur le sofa du salon. Elle se pencha fortement en avant, plongea la tête dans ses genoux qu'elle serrait entre ses bras. Son dos était secoué de frissons.

En la voyant dans cet état, je compris qu'elle n'affabulait pas. Mais nous nous heurtions à la réalité, il n'y avait pas de porte à l'endroit qu'elle indiquait, et pas de chambre non plus. Que fallait-il en penser ? La logique voulait qu'elle se trompe, mais pourquoi aurait-elle fait une telle erreur ?

Aucune réponse ne me venait spontanément à l'esprit. Nous avions plusieurs mystères à élucider en même temps. Il y avait une montagne de choses impossibles, aucune porte de sortie, et pas moyen de résoudre le moindre problème.

Puisqu'il ne servirait à rien de se tourmenter dans notre situation d'impuissance, je laissai Sayaka au rez-de-chaussée pour retourner au premier étage dans la chambre des parents. J'avais décidé de m'occuper des choses une par une.

Je pris d'abord un marteau et un tournevis dans la boîte à outils posée sur le sol. Et j'allai me poster face au placard contenant le petit coffre-fort.

Le coffre paraissait vieux mais solide. Il était hermétiquement fermé. J'introduisis l'extrémité plate du tournevis dans la fente du couvercle pour essayer de l'ouvrir. Il y eut un petit grincement, mais il ne céda pas d'un pouce. Je changeai d'emplacement et recommençai. Mais le résultat fut le même. C'était le tournevis qui risquait de se briser.

Il me sembla plus rapide d'essayer de forcer la serrure à combinaison, mais elle était d'une fabrication extrêmement robuste. Je plaçai le tournevis dans l'interstice, et frappai dessus avec le marteau. Il n'y eut aucun signe de faiblesse, malgré le bruit. Mais, comme je ne voyais pas d'autre moyen, je décidai de continuer ainsi un moment.

Je persévérai pendant une demi-heure. Le couvercle et la serrure étaient intacts, ils n'avaient pas bougé d'un pouce. Découragé, j'abandonnai mes outils et m'assis sur le rocking-chair.

Je finis par penser qu'il serait peut-être plus rapide d'essayer de trouver la combinaison plutôt que de forcer le coffre. Son propriétaire avait dû l'inscrire quelque part pour ne pas l'oublier.

Je me levai et m'approchai du bureau de monsieur Mikuriya. Celui que Sayaka avait fouillé un moment plus tôt.

Elle m'avait dit qu'il n'y avait là rien de bien intéressant et c'était effectivement le cas. Puisqu'il s'agissait d'un bureau, on pouvait penser qu'il lui servait pour écrire ou travailler, mais il n'y avait dessus ni cahiers ni documents. En réalité il y avait bien un cahier, mais il était vierge. Absolument neuf.

M'éloignant du bureau, j'éclairai les recoins de la pièce avec la lampe. J'espérais découvrir un numéro quelque part tout en me demandant si le propriétaire de cette maison était le genre d'homme à pratiquer ce petit jeu.

Soudain mes yeux se posèrent sur le télescope près de la fenêtre. A côté était posée la mallette des différents éléments de ce télescope. Je l'ouvris. Elle contenait, bien rangés, des lentilles de rechange et des filtres enveloppés dans des tissus.

Et il y avait une feuille de papier servant à noter les observations réalisées. Il était écrit dessus à l'encre noire : "25 juillet, de bon matin observation de Mercure." L'écriture était la même que sur les lettres, ce devait donc être une note de monsieur Mikuriya.

Mais je ne voyais pas à quoi pouvait servir cette note. J'abandonnai mes recherches et revins me placer devant le petit coffre-fort avec mes outils pour me remettre au travail. J'avais frappé une dizaine de fois sur le tournevis avec le marteau, quand je sentis s'ouvrir la porte derrière moi. Je me retournai. Sayaka entrait dans la pièce.

— Je t'ai réveillée en faisant du bruit ? lui demandai-je.

— Non, je me sentais seule.
— Ce n'est pas étonnant.
Elle s'assit sur le lit.
— Je pensais à mon père. Je me demandais pourquoi il ne m'a jamais parlé de tout ça, de cette maison, de ce qu'avaient fait les Mikuriya pour nous.
— Sans doute parce qu'il aurait fallu qu'il te parle également de ses erreurs passées.
— Tu crois ? Je pense que, s'il n'y avait eu que cela, il aurait pu le dissimuler facilement.
— Alors quelle est la raison, à ton avis ?
— Je ne sais pas trop, peut-être pour me protéger.
— Pour te protéger ? Comment ça ?
— Peut-être qu'il avait peur que je me souvienne du passé. Que je vienne ici et que je retrouve la mémoire.
Je passai mes nerfs sur les outils que j'avais sous la main.
— Donc nous avons eu tort d'avoir fait tout ça.
Sayaka secoua la tête d'un air perplexe. Puis elle tendit la main vers le paquet de lettres que nous avions déjà lues.
— Dis-moi, ces lettres, je me demande pourquoi elles sont là. Je pourrais comprendre que le destinataire les ait gardées, mais que ce soit l'expéditeur qui les ait, c'est bizarre.
— Monsieur Nakano les a peut-être rendues pour une raison que nous ignorons ? En souvenir après la mort de monsieur Mikuriya, par exemple.
— Dans ce cas, quelqu'un aurait dû les emporter au moment de quitter la maison, tu ne crois pas ? C'est la même chose que pour le journal de Yusuke.

Je laissai échapper un gémissement. Nous n'avions toujours aucune piste pouvant nous aider à comprendre pourquoi les habitants de cette maison avaient disparu brusquement.

— Et pourquoi n'y a-t-il que les lettres et pas les envcloppes ?

— Quelqu'un a dû les jeter.

— Pourquoi ?

— Va savoir, répondis-je en haussant les épaules. Qu'est-ce que tu veux dire ?

— Rien, mais je me disais que nous ne connaissions toujours pas l'adresse de cette maison.

— L'adresse ?

— Oui.

— C'est facile, euh, préfecture de Nagano, ville de Koumi…

Elle secoua la tête.

— Ce n'est pas ce que je voulais dire. Normalement, dans une maison, il y a toujours quelque chose qui indique l'adresse. Une facture, ou une carte de visite, par exemple. Ici, rien.

— C'est vrai, tu as raison, dis-je en posant les mains sur mes hanches avant de regarder autour de moi. Et tu penses que c'est intentionnel ?

— Je ne vois pas comment il pourrait en être autrement. Normalement une chose pareille est impossible. Mais de là à savoir pourquoi ils ont fait ça…

Nous nous taisions tous les deux. Encore une fois, nous n'avions pas de réponse. Je me retournai vers le coffre pour introduire le tournevis dans la serrure.

— Tu penses arriver à l'ouvrir ? me demanda-t-elle d'un air inquiet.

— Je ne sais pas, mais j'ai l'impression que ça bouge un peu.

— S'il s'ouvrait facilement, ce ne serait pas un coffre.

J'ignorais si Sayaka disait cela pour faire de l'humour, mais ses paroles me calmèrent un peu.

— Tu as raison, lui répondis-je en riant.

Je riais toujours quand le tournevis cassa. Mes réflexes me trahirent et l'extrémité pointue me blessa le bras gauche, entre le poignet et le coude. Du sang se mit à couler.

— Ah !

— Ne t'inquiète pas, ce n'est rien.

Je voulus sortir un mouchoir de ma poche.

— Attends un peu, je vais chercher la boîte des premiers secours, dit-elle.

— La boîte des premiers secours ?

— Il y en a une dans la cuisine. Je l'ai vue tout à l'heure.

Sayaka revint quelques minutes plus tard, une boîte marron entre les mains. Sur les côtés, il y avait une croix rouge.

— Tu l'as trouvée dans la cuisine ?

— Oui, dans le placard, le tiroir du bas.

La boîte contenait des médicaments pour les maux de tête, de ventre, des pommades. Rien n'était entamé.

— Il y a quelque chose pour les blessures, dit Sayaka en sortant une boîte fine et longue. Un tube de pommade qui n'avait jamais été utilisé.

— Je n'ai pas trop envie d'y toucher sans savoir depuis quand c'est là-dedans.

— Seulement dix ans, d'après la date de fabrication, me dit-elle en regardant le côté de la boîte.

— Je préfère m'en passer.
— Mets au moins un pansement.

Elle posa un morceau de gaze sur la plaie, qu'elle fit tenir avec une bande. Elle était assez douée. Je le lui fis remarquer et elle me répondit que c'était parce qu'elle était habituée avec les blessures de Miharu.

— La petite Miharu se blesse souvent ?
— Oui. C'est moi qui la blesse.

A ces paroles, je ne sus quoi répondre. J'en voulais à ma maladresse. Elle haussa les épaules comme si elle trouvait ça drôle.

— Je la blesse moi-même et après je la soigne. C'est idiot, n'est-ce pas ?

Je ne dis rien et tâtai le pansement qu'elle m'avait fait. Tout en cherchant un autre sujet de conversation, je regardai dans la boîte des premiers secours.

Mes yeux furent attirés par une pochette qui se trouvait dans la boîte. On devait y mettre les comptes rendus d'examens et les cartes d'assurance. J'y plongeai la main. Il n'y avait qu'une seule carte à l'intérieur. Ce n'était ni une carte d'assurance, ni un compte rendu d'examen.

D'après ce qui était écrit dessus, il s'agissait d'une carte de santé familiale, avec des rubriques pour les coordonnées du médecin traitant, les maladies des personnes concernées ainsi que les médicaments de leur quotidien. Les rubriques étaient vides, mais le nom des personnes concernées y était inscrit.

Il y avait ceux de Keichiro Mikuriya, Fujiko et Yusuke sur la même ligne. Fujiko était la mère de Yusuke, c'est-à-dire la femme que Sayaka avait appelée "grand-mère".

A la rubrique du groupe sanguin, seul celui de monsieur Mikuriya était inscrit. Il était du groupe O.

— Le père est du groupe O, dis-je en tendant la carte à Sayaka.

— O ?

Sayaka prit un air dubitatif. Après avoir observé la carte un long moment, elle murmura que c'était bizarre.

— Qu'y a-t-il ? lui demandai-je.

— Dans le journal de Yusuke aussi, il est question de groupe sanguin, et si ma mémoire est bonne…

Elle prit la lampe et sortit de la chambre. Je la suivis aussitôt.

Arrivée au salon, elle prit le cahier sur la table puis le feuilleta rapidement. Son visage se durcit.

— J'ai trouvé, c'est ici, dit-elle en me le passant.

J'avais survolé le passage sans y prêter attention. Il y était question d'un examen médical.

"19 mai, soleil. Aujourd'hui on a passé la visite médicale à l'école. Je suis content parce que j'ai un peu grandi. Mon poids n'a pas trop changé, c'est bizarre. Après la visite, il y a eu aussi un examen de sang. Ils ont vérifié le groupe sanguin. Il y a A, B, AB et O. A part ça il y a aussi rhésus plus et moins. Il paraît que, sur mille personnes, il n'y a qu'une personne de rhésus moins. Moi je suis AB Rh +. Kondo a un livre qui explique qu'on peut déduire le caractère d'une personne à partir de son groupe sanguin, mais ça marche pas du tout. Je suis rentré à la maison et j'ai demandé à maman son groupe sanguin. Elle a dit qu'elle ne le savait pas. Il paraît que les gens autrefois n'y faisaient pas attention. J'ai voulu demander à papa aussi, mais il était pas rentré du travail."

Je regardai Sayaka.

— Yusuke était AB.

Elle acquiesça en silence.

— En effet, c'est bizarre. Si le père est O, quel que soit le groupe sanguin de la mère, il est impossible que l'enfant soit AB.

5

— Dis, tu veux bien me prêter les clefs de la voiture ? me demanda-t-elle brusquement.

Comme je réfléchissais à ce nouveau problème, ma réponse tarda un peu.

— Les clefs ? Bien sûr, mais… Je sortis les clefs de ma poche. Qu'est-ce que tu comptes faire ?

Elle eut l'air espiègle en prenant les clefs.

— Je vais me promener un peu.

— Te promener ? A cette heure-ci ?

— Je reviens tout de suite.

— Quelle idée, continuai-je, mais je finis par comprendre de quoi il était question. Irrité de mon manque de perspicacité, je fis la grimace. Je vois, je t'accompagne. C'est dangereux d'y aller seule.

— Ne t'en fais pas pour moi.

— Mais je veux y aller, moi aussi. Tu voudrais que je reste ici à me retenir ?

Elle fit la grimace à son tour et me rendit les clefs.

— Au fait, au sujet du groupe sanguin…, commença-t-elle dans la voiture alors que nous avions déjà commencé à rouler, qu'en penses-tu ?

— S'il n'y a pas d'erreur au sujet de leur groupe sanguin respectif, dis-je en manœuvrant le volant de manière à sortir les roues des ornières boueuses, Yusuke n'est pas le fils de monsieur Mikuriya.

— C'est bien ce que je pensais..., dit-elle en retenant sa respiration avant de souffler lentement. Ce serait un enfant adopté ?

— Non, je ne crois pas. Dans ses lettres, monsieur Mikuriya parle de la naissance de Yusuke. Même qu'il est heureux que ce soit un garçon.

— Aah, c'est vrai. Mais si ce n'est pas un fils adoptif, et que ce n'est pas le fils naturel de monsieur Mikuriya non plus..., continua-t-elle avant de s'interrompre, hésitante.

Je savais ce qu'elle voulait dire.

— Il est possible que madame Mikuriya ait trompé son mari et qu'elle ait eu un enfant d'un autre.

— Impensable. Dans le journal de Yusuke, il n'y a pas la moindre allusion à une telle histoire.

— Moi aussi je pense que c'est peu probable.

— Pourquoi ?

— Le jour de la visite médicale, Yusuke a parlé de son groupe sanguin avec sa mère. S'il était né d'une relation hors mariage, la mère aurait dû s'inquiéter en apprenant qu'il était AB. Mais, dans son journal, il n'en est absolument pas question.

— Tu as raison. Alors monsieur Mikuriya savait que Yusuke n'était pas son fils et l'aimait malgré tout..., dit-elle en portant la main à sa joue. Je ne vois pas. Je ne comprends pas du tout ce que ça veut dire.

— Ce qui est sûr, c'est qu'il nous manque quelqu'un. Le véritable père de Yusuke.

Nous débouchâmes sur la route bitumée. La pluie s'était calmée, mais pas suffisamment pour que j'arrête les essuie-glaces. Il n'y avait pas de lumière sur la route et le chemin zigzaguait, si bien que la visibilité était terriblement mauvaise. Mais, vu l'heure, on n'avait pas à craindre de voir arriver des voitures. L'horloge digitale de l'autoradio indiquait deux heures du matin.

Je stoppai la voiture sur le parking du lac de Matsubara, et nous allâmes aux toilettes du parc en bordure du lac. Tout en me soulageant au-dessus d'une cuvette fissurée, je me demandais ce que je faisais là. Est-ce qu'en faisant tout cela j'aidais Sayaka à résoudre ses problèmes ?

Je sortis des toilettes et me rendis au bord du lac. La tempête s'était calmée, mais la surface sombre de l'eau était encore agitée d'innombrables vaguelettes. En face se dressait une épaisse forêt, mais entre elle et nous la brume montait lentement.

— Le diable pourrait habiter ici.

Sayaka était revenue sans que je m'en aperçoive.

— C'est la première fois que je vois un lac la nuit.

— La mer aussi ça fait peur la nuit, mais ici l'atmosphère est encore différente. On dirait que le temps ne s'écoule pas de la même façon.

Je sentis Sayaka se tourner vers moi. Je me tournai vers elle à mon tour. Nos regards se rencontrèrent, mais elle fut la première à détourner les yeux.

— Je t'embête avec mes histoires, me dit-elle.

— Pas du tout. J'apprécie à ma façon cette recherche intellectuelle.

— Pour te dire la vérité, je n'avais pas beaucoup d'espoir en venant ici. Je me disais que cela ne résoudrait rien.

— Mais c'est bien toi qui as dit qu'en venant ici, tu te souviendrais peut-être ?

— Pour être franche, c'était pour me rassurer. Je voulais me prouver que moi aussi je faisais des efforts, mais c'était peut-être juste une façon de me déculpabiliser... Elle se tut et regarda le lac avant de continuer : Si tu ne m'avais pas accompagnée, je ne serais pas venue.

Cette confession me rendit perplexe. J'en ressentais une joie réelle, tandis qu'une autre partie de moi-même essayait de contenir ce sentiment.

— Avant de venir ici, je me disais qu'il y aurait peut-être quelque chose. Je veux dire, entre nous. Pour te parler honnêtement, ça m'était égal. Je pensais même que cela pourrait m'aider à oublier mes difficultés. Mais tu n'as rien fait. Tu as cherché à résoudre mon problème sans arrière-pensée. Ou alors tu as préparé un plan pour plus tard ?

— Non, répondis-je en secouant la tête. Depuis le départ, j'ai tout imaginé sauf ça.

— C'est bien ce que je pensais, dit-elle en s'empêchant de rire. Tu as complètement changé par rapport à autrefois. Tu disais toujours que le sexe n'était pas important.

— La situation n'est pas la même.

— C'est vrai, je suis mariée, fit-elle remarquer sur le ton de l'amusement en tapotant le sol humide du bout de sa chaussure. Est-ce que tu m'en as voulu à l'époque ?

— A l'époque ?

— Quand j'ai rompu.

— Aah... c'est vieux tout ça.

— J'arrête si tu ne veux pas en parler.

— Non, ça ne me gêne pas.

J'enfonçai mes mains dans mes poches. Ma main droite effleura l'emballage du paquet de chewing-gums à la caféine que j'avais acheté pour éviter la somnolence en voiture. J'en ai proposé un à Sayaka, mais elle me fit signe qu'elle n'en voulait pas. Alors j'y ai renoncé à mon tour.

— Je ne t'en ai jamais voulu, pas une seule fois, dis-je en remettant le paquet de chewing-gums dans ma poche. J'ai pensé que c'était désespéré à partir du moment où on s'était promis de garder chacun sa liberté. Mais je ne peux pas nier que ça a été un choc. Et puis c'était bizarre. Il n'y a eu aucun signe avant-coureur, et brusquement tu m'as dit que tu me quittais parce que tu étais tombée amoureuse de quelqu'un d'autre.

— C'est vrai. Elle fit quelques pas vers le lac puis se retourna, les deux mains derrière le dos : Pour être franche, je n'ai pas voulu te quitter parce que j'aimais quelqu'un d'autre. C'est le contraire. J'ai voulu me séparer de toi d'abord. Ensuite, j'ai cherché un homme pour te remplacer.

— Pourquoi voulais-tu me quitter ?

— Je ne saurais pas te l'expliquer clairement, mais disons pour simplifier que j'ai voulu mettre un terme à notre rêve.

— Ça n'a rien simplifié du tout, répliquai-je dans un ricanement incongru, qu'est-ce que tu veux dire par là ?

— Tu te souviens de nos discussions à l'époque ? Nous parlions de tout, mais finalement nous ne faisions rien d'autre que de nous construire contre les autres. Nous les prenions tous pour des imbéciles, nous n'avions confiance en personne, et nous pensions que nous étions les seuls à détenir la vérité… Nous parlions souvent ainsi.

— Effectivement, je m'en souviens.

Vieux salons de thé. Café et cigarettes Mild Seven. Petits bars pas chers. Bière et frites…

— Quand j'étais avec toi, je me sentais bien. Mais un jour, soudain, j'ai pensé qu'il fallait arrêter. C'était impossible de continuer à vivre comme ça, seuls contre tous. Nous allions droit dans le mur. Nous n'étions plus des enfants, nous devions cesser de rêver. C'est ce que je pensais.

— Tu veux dire que tu voulais te remettre sur les rails de la réalité ?

— On peut dire ça de cette manière.

— Je me trompais peut-être dans ma vision de l'avenir. Je peux comprendre ton sentiment de vouloir un homme bien ancré dans le réel.

— Ce n'est pas tout. Comment dire ?… Elle penchait la tête : Nous nous comportions tous les deux comme des enfants.

— C'est possible qu'il y ait eu un peu de ça.

— Tu comprends ?

— A peu près. Mais c'est fini maintenant.

— C'est vrai, c'est fini. Elle passa sa langue sur ses lèvres : Mais laisse-moi te dire une dernière chose. Tu ne trouves pas qu'à l'époque toi et moi nous nous ressemblions ? Quand je te regardais, j'avais l'impression de me voir dans un miroir. Et cela finissait par devenir pénible.

— Hmm.

Au souvenir de cette époque, je grattai la terre du bout du pied. Nos conversations insolentes, le sexe à répétition comme si nous étions traqués.

J'avais la sensation d'un poids sur l'estomac.

— On dirait qu'il se remet à pleuvoir, dit-elle peu après en observant les vaguelettes sur le lac.

Ses cheveux étaient trempés.

— Rentrons, proposai-je.

6

Nous rentrâmes sous la pluie. Tout en conduisant, je ruminais intérieurement ce que Sayaka venait de me confier. La phrase selon laquelle nous nous ressemblions trop s'était incrustée en moi et ne me lâchait plus. Je l'avais ressenti moi aussi. Il ne s'agissait pas simplement de notre caractère, de notre façon de penser ou de notre sens des valeurs. Mais de quelque chose qui faisait notre identité, quelque chose qui s'écoulait au fond de notre cœur et qui était identique. A l'époque je ne voulais pas le reconnaître. Je refusais d'y réfléchir. Peut-être savais-je inconsciemment de quoi il s'agissait.

Quand je me rappelais le genre de garçon que j'étais à l'époque où j'avais connu Sayaka, à vrai dire cela ne me faisait pas beaucoup plaisir. C'était comme regarder un vieil album rempli de photos qui ne m'auraient pas plu.

Mon père était médecin. Mais il ne travaillait pas dans un grand hôpital. Il exerçait dans un cabinet de province comme il y en a partout, pour les patients des environs. Il avait deux infirmières ; l'une d'elles était ma mère.

En première année de collège, ils m'avaient annoncé que je n'étais pas leur véritable fils. Ils savaient qu'ils ne pourraient pas me le cacher éternellement, et ils avaient juste attendu le bon moment pour me le dire. C'était ce que m'avait déclaré mon père adoptif.

Ils n'avaient pas d'enfants et, juste au moment où ils pensaient à l'adoption, on leur avait demandé s'ils ne voulaient pas récupérer l'enfant d'une cousine qui venait de divorcer. Ils avaient tout de suite accepté et la famille adoptive s'était formée facilement.

Tout en pensant que je devais leur être reconnaissant, j'avais quand même reçu un choc et je m'étais senti blessé. Cela m'avait été d'autant plus difficile à supporter que cela s'était passé à un moment de ma vie où je me posais des questions sur ce que mes parents pensaient de moi.

— Ça ne change rien au fait que tu sois notre fils, alors n'en parlons plus et continuons comme avant, m'avait dit mon père adoptif.

J'avais acquiescé en silence. Comment aurais-je pu réagir autrement ?

Il aurait fallu que je suive ses conseils en continuant comme avant sans rien changer, mais ce n'était pas si simple. L'idée qu'ils n'étaient pas mes véritables parents s'était incrustée dans mon esprit et ils s'en étaient aperçus. Notre relation familiale s'était petit à petit dégradée.

Peu après, une femme avait fait son apparition devant moi. Elle m'avait soudain adressé la parole sur le chemin de l'école, alors que je rentrais à la maison. J'avais compris immédiatement qu'il s'agissait de ma véritable mère. Aussi je ne m'étais pas méfié quand elle m'avait proposé de discuter un peu avec moi.

Sans me dire qu'elle était ma vraie mère, elle m'avait posé des questions sur mes parents, notre vie de famille. Je n'avais pas répondu très clairement, gardant la tête baissée.

Quelques jours plus tard, elle s'était présentée à la maison. On m'avait demandé de rester à l'écart mais j'avais écouté la conversation à travers la cloison.

Son désir était qu'on lui rende son enfant et mon père adoptif avait répondu que c'était impossible. Je n'avais pas compris tous les détails, mais il semblait que son remariage n'avait pas tenu, et que maintenant elle se retrouvait seule et triste, et voulait récupérer son fils .

— Je vous en supplie. Donnez-moi une raison de vivre. Je vous donnerai tout ce que vous voudrez pour vous remercier de l'avoir éduqué jusqu'à présent, avait supplié ma mère naturelle en sanglotant.

— Vous ne pouvez pas nous demander cela maintenant. Cet enfant est le nôtre. Nous n'avons pas l'intention de nous en séparer, avait répondu fermement mon père adoptif. D'ailleurs la dernière fois je vous avais demandé de ne pas prendre contact avec lui directement. Insister à ce point est indécent.

En entendant la réponse de mon père adoptif, j'avais compris que ce n'était pas une coïncidence si ma véritable mère était venue à ma rencontre peu de temps après que mes parents m'avaient annoncé que j'étais un enfant adopté. Ils avaient voulu me prévenir pour m'éviter un choc trop important.

Ils avaient parlé un long moment tous les trois. Et au fil de la discussion j'avais peu à peu commencé à comprendre leurs motivations profondes.

— Vous voulez que je vive seule les quelques dizaines d'années qui me restent ? Quand je vais prendre de l'âge, sur qui vais-je pouvoir compter ?

— C'est pourquoi nous vous conseillons de chercher un bon parti. Et puis nous aussi, nous n'avons que lui comme soutien. Il faut qu'il prenne la succession. C'est bien pour cela que nous l'avons élevé jusqu'à présent avec autant de soin. Vous ne pouvez pas nous en priver maintenant. C'est trop facile.

Cela signifiait que ma mère naturelle voulait me récupérer pour sa vieillesse et mon père adoptif me garder pour assurer sa succession.

Bien sûr il n'y avait sans doute pas que cela. Ils devaient certainement m'aimer à leur façon. Mais, pour moi qui n'avais que treize ans, le fait qu'ils me considèrent comme une assurance pour leur avenir n'était pas quelque chose de facile à entendre.

Finalement, la discussion s'était terminée sur l'idée que le principal intéressé déciderait dans les jours à venir. Ma mère naturelle n'avait pas eu l'air satisfaite. Peut-être avait-elle deviné que ce moyen de trancher ne lui serait pas favorable.

De ce jour, l'attitude de mes parents vis-à-vis de moi avait à nouveau changé. Ma mère adoptive était devenue encore plus gentille, tandis que mon père cherchait à discuter avec moi de mon avenir. Il essayait de m'expliquer que je n'étais pas obligé de devenir médecin si je n'en avais pas envie, et que, quel que soit le chemin que je choisirais, il me soutiendrait et m'aiderait. Comme si de rien n'était, il émaillait la discussion de souvenirs de mon enfance et des sacrifices qu'ils avaient faits pour moi.

Presque tous les jours quand je rentrais de l'école, ma mère naturelle m'attendait et nous allions au jardin public du quartier pour bavarder. En fait, elle était la seule à parler. Elle avait été contrainte de m'abandonner pour de graves raisons, et maintenant elle le regrettait profondément, se lamentait-elle parfois.

Une semaine plus tard, ma mère naturelle était revenue à la maison. Cette fois-ci je fus invité à m'asseoir avec eux autour de la table. Mon père adoptif me dit alors :

— C'est à toi de décider avec qui tu veux vivre. Tu peux parler franchement.

Ils me fixaient tous les trois, suspendus à mes lèvres. Mais j'avais déjà pris ma décision. Je n'avais pas réfléchi à ce que je voulais, mais plutôt à la solution la plus simple.

— C'est très bien comme ça, avais-je répondu.

Mes parents débordèrent de joie, tandis que ma mère naturelle laissait voir sa déception.

Elle était repartie à la condition qu'elle pourrait me voir de temps en temps. Mes parents m'assurèrent que ma décision était la bonne et que je n'avais pas à m'inquiéter. Ils disaient ouvertement du mal de ma vraie mère, allant jusqu'à déclarer que j'avais été à deux doigts de faire mon malheur.

J'avais pleuré toute la nuit dans mon lit sans pouvoir dormir. Je ne comprenais pas très bien pourquoi j'étais si triste, mais ce qui est sûr, c'est que je l'étais profondément. Peut-être parce que je m'étais rendu compte que j'étais seul au monde ?

Par la suite, je n'avais pas revu souvent ma mère naturelle. J'étais en première année de lycée lorsque ma mère adoptive m'avait annoncé, au détour d'une conversation, qu'elle s'était remariée.

J'avais continué à vivre avec mes parents adoptifs comme si de rien n'était. Sans doute donnions-nous l'impression d'une famille tout à fait ordinaire. Mais je ne peux pas nier que je n'ai jamais cessé de jouer le rôle de leur fils. Et cela n'était probablement pas une chose à leur dire.

Il n'y avait rien de vrai, l'homme était inexorablement seul... Cette pensée ne m'avait plus jamais quitté. C'est alors que j'avais rencontré Sayaka.

La pluie redoublait, qui me ramena à la réalité. J'augmentai la vitesse des essuie-glaces.

— Tu n'as pas sommeil ? lui demandai-je.
— Non, ça va. J'ai dormi tout à l'heure.
— Ah oui, c'est vrai.
— A quoi pensais-tu ?
— A rien.

J'allumai la radio. Il y avait une chanson japonaise. J'ignorais le nom du groupe et le titre de la chanson, mais Sayaka semblait la connaître, car elle tapotait le rythme du bout des doigts.

Je me rappelai à nouveau ce qu'elle m'avait dit, que nous nous ressemblions trop. C'était vrai. Dès l'instant où je l'avais vue pour la première fois, j'avais éprouvé une forte sensation de solidarité. Sans doute qu'elle aussi se sentait seule.

Après ma rencontre avec Sayaka, je m'étais détaché encore plus de la maison familiale. Je voulais m'en aller le plus vite possible... Cette pensée ne me quittait plus.

— Tu es un peu bizarre ces temps-ci, m'avait dit ma mère adoptive un matin.

Elle avait semblé faire un effort pour me le dire.
— Ah ?
— Tu ne m'appelles plus maman. Tu n'en as pas envie ?
— Mais si… Bon, j'y vais, à plus tard.

J'avais quitté la maison comme si je m'enfuyais.

C'était vrai, je ne pouvais plus appeler papa et maman mes parents adoptifs. Et je ne savais pas pourquoi. Peut-être étais-je fatigué de jouer ce petit jeu familial.

Ce petit jeu familial ?

J'appuyai sur le frein. Les roues glissèrent sur le sol détrempé et la voiture dérapa. Sayaka poussa un cri.
— Qu'est-ce qui te prend ?

Elle se tourna vers moi, toute pâle. Elle avait les yeux écarquillés.
— Nous avons peut-être été victimes d'une illusion.
— Une illusion ?
— Au sujet du père de Yusuke. Retournons à la maison. J'appuyai à nouveau sur l'accélérateur et la voiture repartit.

De retour dans la maison, je me dirigeai tout droit vers le salon, afin d'y prendre le cahier de Yusuke. Je le feuilletai à nouveau, en me focalisant sur les passages où le personnage de l'autre apparaissait.
— Dis-moi, pourquoi dis-tu que nous sommes peut-être victimes d'une illusion ?
— Le terme illusion n'est peut-être pas le bon. On devrait sans doute plutôt dire qu'on s'est fait avoir. Par Yusuke. Même s'il ne s'attendait probablement pas à ce que son journal soit lu par quelqu'un d'autre

et, dans ce cas, se faire avoir n'est peut-être pas non plus l'expression la plus appropriée.

Je refermai le cahier et, en posant ma main sur son épaule, proposai à Sayaka d'aller à l'étage. Nous arrivâmes dans la chambre des parents, où je repris le paquet de lettres que nous avions parcourues un moment plus tôt.

— C'est bien ça, c'est exactement ce que je pensais.

— Quoi donc ?

— Dans ses lettres, monsieur Mikuriya ne parle jamais de Yusuke comme de son fils. Il n'y a donc effectivement aucun lien de parenté entre eux. Ce qui résout le problème du groupe sanguin.

— Alors il est le fils de qui ?

— De son frère aîné, répondis-je, le personnage que monsieur Mikuriya appelle son fils dans ses lettres, c'est lui le vrai père de Yusuke.

— Ce n'est pas possible… allons, enfin… Sayaka penchait la tête d'un air perplexe. L'aîné, c'est bien celui qu'il appelle l'autre dans son journal, n'est-ce pas ?

— Sans aucun doute.

— Alors il ne peut pas être son père.

— Si tu le dis, c'est parce que dans son journal il appelle papa une autre personne, hein ?

— Oui.

— Il est évident que celui qu'il appelle papa dans son journal est Keichiro Mikuriya. Mais monsieur Mikuriya n'est pas son vrai père. En réalité c'est son grand-père. De la même manière que celle qu'il appelle maman n'est autre que sa grand-mère.

Sayaka cligna fortement des paupières.

— Qu'est-ce qui te fait croire ça ?

— Cette trop grande différence d'âge entre Yusuke et ses parents. C'était bizarre. Et regarde ce qu'il y a d'écrit dans ces lettres. La joie de monsieur Mikuriya à la naissance de Yusuke. Il est très heureux que ce soit un garçon. Sa façon de se réjouir est plutôt celle d'un grand-père que celle d'un père. Cela explique aussi la différence d'âge entre le fils et Yusuke. Ils n'étaient pas frères mais père et fils. Alors, leur différence d'âge est normale.

— Mais pourquoi appelle-t-il son grand-père papa ?

— Sans doute parce que c'est lui qui l'a élevé ? D'après cette lettre, la femme du fils est morte au bout de deux ans de mariage. Yusuke a dû naître entre-temps. Et, comme ce n'est pas évident pour un homme seul d'éduquer son enfant, les grands-parents ont dû s'en occuper.

— Oui, je comprends, mais de là à appeler son grand-père papa… Elle se contorsionna comme si elle trouvait cela malsain.

— Peut-être que le drame de cette famille trouve ses racines là-dedans.

— … Qu'est-ce que tu veux dire ?

— Eh bien, ce n'est qu'une hypothèse, dis-je en introduction, mais à lire ces lettres on voit bien que monsieur Mikuriya était quelqu'un d'assez autoritaire. Même avec son fils. Quand celui-ci abandonne la voie juridique, il a l'air furieux.

— Il a écrit qu'il était désespéré.

— Et finalement il se résigne en disant que, dans une mesure d'un go, on ne peut verser qu'un go de saké. Le fils, après avoir échoué au concours de la magistrature, devient enseignant. D'après les lettres, il serait plus juste de dire que monsieur Mikuriya, qui s'inquiétait pour l'avenir de son fils, a fait en sorte qu'il en soit ainsi. Ensuite vient le mariage. La mariée est une cousine éloignée, alors on peut imaginer qu'elle n'a pas été trouvée par le fils mais proposée par le père.

— Un peu comme si le fils avait été manipulé par son père, c'est ça ?

— Oui. L'idée m'est venue en lisant les lettres : tout se passe exactement comme monsieur Mikuriya l'a décidé. Et, si on imagine que Yusuke est le fils de son fils, c'est encore plus net. Comment monsieur Mikuriya a-t-il éduqué son petit-fils ?

— A lire ses lettres, c'est comme si tout l'espoir qu'il avait mis en son fils s'était reporté sur son petit-fils Yusuke. En plus c'est lui qui lui a donné son nom.

— Ça non plus ce n'est pas étonnant, vu le rapport de force qui existe entre monsieur Mikuriya et son fils. Et comme épouse il lui choisit une femme docile qui ne risque pas de s'opposer. Quant à l'éducation de son petit-fils, je crois qu'il a franchement pris les choses en main. Peut-être même lui a-t-il imposé son point de vue. D'autant plus que sa vraie mère était morte.

— Pour monsieur Mikuriya, la prise en charge était évidente.

— On ne sait pas si son fils s'y est opposé, mais qu'importe, la question était close. Monsieur Mikuriya a joué le rôle de père pour Yusuke. Je ne pense pas qu'il l'ait obligé à l'appeler papa mais, s'il n'a pas cherché à l'en dissuader, c'est sans doute parce qu'il était heureux d'être appelé comme ça.

Sayaka rentra le cou dans les épaules.

— C'est presque pathologique…

— Pour monsieur Mikuriya, son fils est une tare, il voudrait oublier jusqu'à son existence. Alors peut-être qu'il voulait aussi oublier que Yusuke était son petit-fils. Dans les lettres, quand son fils touche aux jeux d'argent et doit démissionner de l'école, c'est au sujet de l'influence sur Yusuke qu'il est le plus inquiet. C'est bien la preuve qu'il veut couper le lien entre son fils et Yusuke.

— Oui. Dans ce cas… Sayaka avait ouvert le cahier de Yusuke : L'interrogation au sujet du cadeau de Noël est résolue. C'était son vrai père qui lui envoyait ça. Il a écrit : "Cette année encore il m'a envoyé un cadeau de Noël." C'est logique si l'expéditeur est son vrai père. Et le passage suivant est cohérent lui aussi : "Papa dit que ce n'est pas bien qu'il ne m'envoie que des jouets. Il dit que les livres c'est mieux. Il a téléphoné et s'est fâché."

— La première fois que nous avons lu ça, nous avons pensé que c'étaient les grands-parents qui avaient envoyé les cadeaux. Mais c'est exactement le contraire qui s'est passé. Il doit pourtant y avoir un passage qui décrit un peu plus clairement l'attitude de monsieur Mikuriya envers son fils. Passe-le-moi, s'il te plaît.

Sayaka me tendit le cahier que je feuilletai rapidement. Le passage se situait environ un mois après la mort de monsieur Mikuriya.

— Lis donc ça, dis-je en montrant la page à Sayaka : "Papa le prenait pour un idiot. Il disait qu'il ne fallait pas l'imiter, qu'il ne fallait pas devenir quelqu'un comme lui."

— Monsieur Mikuriya voulait à tout prix éloigner Yusuke de son fils.

— Comme il a raté l'éducation de son fils, il ne voulait pas refaire la même erreur avec son petit-fils. En lisant le journal de Yusuke, on comprend que son éducation était assez sévère. Mais Yusuke a bien accepté cette sévérité. Il avait de l'admiration pour celui qu'il prenait pour son père, et sans doute monsieur Mikuriya considérait-il la réussite de Yusuke comme sa plus belle œuvre.

— On dirait que tu parles d'un objet, remarqua Sayaka, les traits durcis.

— C'est la production d'un robot au nom de l'éducation. Et l'entreprise était déjà bien avancée, mais il y a eu un accident.

— La tumeur cérébrale de monsieur Mikuriya.

— C'est ça, dis-je en hochant la tête. Puisqu'il lui a fallu abandonner l'éducation de Yusuke en cours de route, il a dû en éprouver beaucoup de regrets. Peut-être même que ça l'a encore plus préoccupé que sa mort. Mais, tu sais, je me demande si cela n'a pas été encore plus difficile pour Yusuke qui est resté après.

— Parce qu'il n'avait plus personne pour lui indiquer la direction ?

— S'il n'y avait eu que ça, encore. Mais peut-être que le plus dur à supporter a été le retour à la maison de cet autre qui jusqu'alors n'était qu'un objet de mépris ? Dans le rôle de père, qui plus est.

Sayaka devait s'imaginer la scène, car son regard était plein de compassion.

— Et là je pense qu'on devrait essayer de voir les choses sous un autre angle. Réfléchissons du point de vue du fils. Son père qui l'a écrasé pendant si longtemps vient de mourir, et il peut enfin revenir vivre chez lui. En plus, son fils naturel s'y trouve. Il est sans doute revenu à la maison d'une manière triomphante. Et il devait avoir envie d'établir au plus vite une communication avec lui.

— Hmm... Sayaka était à nouveau plongée dans le journal de Yusuke : Après le passage que tu viens de lire il y a ceci : "J'étais dans ma chambre et il est entré sans frapper. Il m'a parlé sur un ton désagréable."

— Il vient de récupérer son fils, alors c'est naturel. Mais regardons comment Yusuke réagit à cette attitude.

Sayaka lut à nouveau dans le cahier :

— "Je lui ai dit de pas me déranger dans mon travail. Alors il a quitté ma chambre. A partir de maintenant c'est ce que je dirai pour qu'il me laisse tranquille."

— Il y a d'autres scènes comme celles-ci, où Yusuke manifeste de l'aversion pour celui qu'il appelle l'autre. Ce n'est pas étonnant, compte tenu du fait qu'il a été conditionné depuis l'enfance. Mais, pour son père naturel, c'est humiliant de se voir traiter de cette façon par son fils. Et puis il devait sentir l'emprise de monsieur Mikuriya dans l'attitude de Yusuke.

— Tu crois que le fils haïssait son père ?

— Oui. C'est pourquoi, dans la mesure où Yusuke ne voulait pas lui ouvrir son cœur, celui-ci n'était qu'un objet de haine pour lui.

— Ensuite...

— Oui, c'est alors que la maltraitance a commencé.

CHAPITRE IV

1

— Lui aussi il faut le comprendre, continuai-je. Il ne doit pas supporter que son fils, qu'il pense avoir enfin récupéré, complètement conditionné par ce père qu'il déteste, non seulement ne s'attache pas à lui mais le méprise.

Sayaka eut un rire tranquille.

— C'est pareil pour moi.

— Pareil ?

— Pour les parents, tu sais, le plus difficile à supporter, c'est le mépris des enfants, dit-elle d'une voix triste.

Je gardai le silence et me grattai la joue du bout du doigt. Je savais pertinemment depuis notre discussion de la veille que, quand elle parlait de ce sujet, rien de ce que je pouvais lui dire ne parvenait à la réconforter.

Elle soupira.

— Bien sûr, cela n'excuse pas la maltraitance…

— Toi et le père de Yusuke, vous êtes différents.
— Non. Nous sommes pareils. Exactement pareils.

Comme je m'y attendais, je n'avais réussi qu'à lui faire hausser le ton. Il me sembla plus sage de changer de sujet :

— En tout cas, avec ça, nous avons compris pas mal de choses concernant cette maison. Les deux points qu'il nous reste à élucider sont le pourquoi de la mort de Yusuke, et ce que sont devenus par la suite son père et sa grand-mère. Et pour ça je crois que le plus rapide est d'aller vérifier à la mairie.

— Le père de Yusuke et sa grand-mère ?... murmura Sayaka avant de lever les yeux vers moi. Alors la grand-mère, c'était madame Mikuriya ?

— La femme en kimono sur les photographies de l'album ? Sans aucun doute.

— Puisque j'étais au collège quand elle est morte, cela remonte à quinze ans. Tu penses qu'elle a vécu ici tout ce temps ?

— Si l'on tient compte du fait que la chambre de Yusuke est restée telle qu'elle était il y a vingt-trois ans, sans doute que non.

— Tu veux dire qu'elle a quitté cette maison après la mort de Yusuke ?

— Probablement. Et, si ça se trouve, elle est allée à Yokohama.

— Yokohama ? Pourquoi ?

— Tes parents, quand ils sont partis d'ici, ont dû s'installer pour quelque temps à Yokohama. Et on ignore ce qu'est devenu le vrai père de Yusuke.

— Ils n'ont pas dû vivre ici, remarqua Sayaka en regardant autour d'elle, sinon les affaires de Yusuke et de monsieur Mikuriya ne seraient pas restées dans cet état.

— Ils auraient sans doute tout jeté.

Je me renversai en arrière et croisai les mains sur ma nuque. L'odeur de poussière du couvre-lit était désagréable. Je bâillai.

Elle s'approcha et vint s'asseoir juste à côté de ma tête.

— Au sujet de la mort de Yusuke…
— Tu as une hypothèse de ton côté ?
— Ce n'est pas une hypothèse. Juste une supposition.
— Qu'importe. Vas-y, dis-moi.

Mais elle hésitait à parler. Elle serrait puis relâchait dans sa main le couvre-lit poussiéreux. Elle paraissait en conflit avec elle-même, alors je décidai de ne pas la presser, d'attendre patiemment.

— Si ça se trouve…, commença-t-elle enfin après deux bonnes minutes de silence. Je me demande s'il n'a pas été tué.

Je me redressai brusquement sur le lit.

— Par qui ?
— Par lui, bien sûr… Son père. Tu vois quelqu'un d'autre ?
— Mais non, c'est impossible. La maltraitance ne peut quand même pas aller aussi loin.
— Tu crois ? Même s'il n'y a pas intention de tuer, je crois qu'il peut y avoir pulsion. Elle baissa la tête et porta la main à sa bouche avant de continuer : Moi aussi de temps en temps il m'arrive d'avoir peur. Je me dis que si je continue je risque de tuer Miharu…

Je croisai les bras et, après avoir réfléchi un moment, m'adressai à son profil.

— Tu ne veux pas dormir un peu ?

Elle leva légèrement la tête. Ses sourcils étaient un peu mouillés.

— En une journée, nous avons compris pas mal de choses. Mais tout ça nous a épuisés. La tête aussi a besoin de se reposer, sinon on ne peut pas bien réfléchir. Nous ferions mieux de nous en tenir là et de continuer demain matin.

Elle appuya légèrement sur ses yeux du bout des doigts et lissa ses cheveux vers l'arrière.

— Je te demande pardon. Je suis tellement bouleversée...

— Ce n'est pas grave.

— Tu dors ici, toi ?

— Oui. C'est plein de poussière, mais c'est mieux que dans un mauvais bungalow.

— Bon, dans ce cas je vais me reposer sur le sofa du rez-de-chaussée.

Elle se leva.

Je pensai un instant la retenir et lui proposer de dormir ensemble sur le lit. Mais quel sens y aurait-il eu à faire cela ?

Je n'avais hésité qu'un bref instant avant de lui souhaiter une bonne nuit.

Elle se dirigeait vers la porte lorsqu'elle s'arrêta.

— Bonne nuit, me dit-elle sans se retourner.

— Je pense qu'il vaut mieux éteindre les bougies.

— Je le ferai.

— Et puis...

Je me suis interrompu.

— Quoi ? me demanda-t-elle.

Après avoir cherché mes mots, je continuai.

— Si tu as envie d'aller aux toilettes, réveille-moi. Ne te gêne pas.

Elle éclata de rire.

— Je pense que ça ira.

— Bon, alors tant mieux.

— Bonne nuit.

Quand elle referma la porte derrière elle, la flamme de la bougie vacilla. Je me levai pour l'éteindre.

2

Je ne dormis qu'un tout petit peu jusqu'au lever du jour. J'avais réglé la sonnerie de ma montre pour ne pas me faire surprendre, mais je me réveillai avant qu'elle ne se déclenche. Je n'avais dormi que trois heures mais j'avais les idées claires.

J'ouvris la fenêtre pour jeter un coup d'œil dehors. Il ne pleuvait plus du tout et le soleil se levait derrière la montagne face à moi. La végétation brillait alentour. Il allait faire beau.

Il faisait plutôt sombre à l'intérieur de la chambre parce que le soleil n'y pénétrait pas. Il m'avait pourtant semblé que la maison était orientée plein sud, ou alors légèrement vers l'est, mais là elle paraissait plutôt orientée sud-ouest.

— Sud-ouest... tiens ? murmurai-je à part moi en regardant vaguement le paysage au lointain.

Quelque chose me semblait étrange, mais je ne savais pas quoi.

Je ne compris pas tout de suite ce qui se passait. J'étais persuadé de découvrir le soleil levant par cette fenêtre, aussi étais-je peut-être simplement désorienté parce que ce n'était pas le cas.

Mais je me repris aussitôt. Ce n'était pas ça.

Il devait y avoir une bonne raison pour que je croie que cette maison était légèrement orientée à l'est. Je ne pouvais en être persuadé sans argument solide.

Je repris le journal de Yusuke abandonné sur le lit. Il y était peut-être question de l'orientation de la maison ? Mais à peine eus-je tourné quelques pages que j'eus la conviction de ne pas l'avoir lu dans ce cahier. Il s'agissait d'un endroit moins évident que cela.

Je regardai dans la pièce autour de moi, le cahier à la main. Un sentiment d'urgence me poussait. Et je me demandais pourquoi cette question d'orientation me préoccupait tant.

C'est alors que je vis le télescope.

Je m'en approchai et j'ouvris la mallette qui se trouvait à côté. Je pris la feuille d'observation. Dessus, il était écrit ceci : "25 juillet, de bon matin observation de Mercure."

C'était bien ça. C'est en lisant cette phrase que j'avais cru que cette maison était orientée à l'est.

J'allai me poster près de la fenêtre pour vérifier le paysage alentour et l'emplacement du soleil. Je voulais être sûr de ne pas me tromper.

Aucun doute. Cette maison était légèrement orientée à l'ouest. D'ici, on ne pouvait pas voir le lever du soleil.

Qu'est-ce que cela signifiait ? Comment expliquer cette contradiction ?

Je retournai m'allonger sur le lit en me frottant le visage. L'intérieur de mes mains luisait de sébum.

Une hypothèse me vint. Comment n'y avais-je pas pensé plus tôt ? Cette nouvelle conjecture permettait de résoudre plusieurs interrogations.

Je sautai du lit pour me précipiter vers l'escalier. Je descendis tout droit au sous-sol et sortis par le passage habituel.

Le sol alentour était boueux de la pluie de la veille. Tout en faisant attention où je marchais, je longeai le mur pour faire le tour de la maison. Cela suffit à valider mon hypothèse.

— Quel idiot ! m'exclamai-je alors.

Quand je revins à l'intérieur de la maison, Sayaka était déjà debout dans le salon et les rideaux étaient ouverts.

— Salut, dit-elle en me voyant. Tu es bien matinal.

— Cette maison est orientée au sud-ouest.

Ma brusque remarque la déconcerta :

— Hein ? fit-elle en fronçant les sourcils.

Je montrai la fenêtre.

— Le matin, la lumière du soleil n'entre pas dans la maison. Cela signifie donc qu'elle est orientée un peu vers l'ouest.

Sayaka sembla enfin comprendre de quoi je parlais. Elle jeta un coup d'œil vers la fenêtre avant d'acquiescer.

— Ah, c'est vrai. Mais qu'est-ce que ça prouve ?

— Regarde, lui dis-je en lui montrant la feuille d'observation.

Elle la vit mais n'en comprit pas le sens. Elle avait l'air distraite. Tous les écoliers savent cela, mais les adultes finissent par oublier les connaissances qu'ils n'utilisent plus.

— Tu te rappelles : Mercure, Vénus, la Terre, Mars, Jupiter. C'est l'ordre des planètes du système solaire. Mercure est la plus proche du soleil, tu sais comment on fait pour l'observer ?

— Non ?

— On regarde forcément en direction du soleil. Parce que Mercure est toujours à côté du soleil.

— Ah…

— On peut la voir dans la journée. Mais il faut un équipement spécial. Avec un télescope familial, la lumière du soleil gêne, et on ne voit rien. C'est pourquoi on l'observe de bonne heure le matin ou au coucher du soleil, quand la lumière faiblit.

— C'est écrit "de bon matin", dit-elle en regardant la feuille d'observation.

— Oui. Cela signifie que monsieur Mikuriya l'a observée au lever du soleil. En regardant vers l'est.

— Et on ne peut pas voir le lever du soleil de la fenêtre à l'étage ?

— Non, dis-je en secouant la tête. Impossible, même en se contorsionnant.

Sayaka ouvrit de grands yeux.

— Qu'est-ce que ça veut dire ?

— J'ai pas mal réfléchi et j'en suis arrivé à imaginer quelque chose. Ça va peut-être te faire rire tellement c'est saugrenu.

— Mais non, dis-moi.

— C'est tout simple. Autrefois, cette maison était orientée à l'est.

— Autrefois, tu veux dire…

— Je pense que cette maison a été reconstruite.

Sayaka se figea en entendant cette chose inimaginable pour elle. Son regard fit le tour de la pièce avant de revenir sur moi.

— Reconstruite ? Mais il n'en est pas question dans le journal de Yusuke.

— C'est vrai. Alors c'est qu'elle a été reconstruite après sa mort.

— Tu veux dire que cette maison ne serait pas aussi ancienne que nous le pensons ? Mais pourquoi ? Ce n'est pas concevable qu'une maison soit reconstruite et que personne ne vive dedans.

— Moi aussi je trouve ça bizarre. Mais, si on part du principe qu'elle a été reconstruite, une de nos interrogations les plus importantes est résolue.

— Laquelle ?

— Celle de la pièce mystérieuse qui reste dans ta mémoire, ai-je dit en lui indiquant la cuisine. Pourquoi cette maison ne comporte-t-elle pas de pièce avec un vase noir et des rideaux verts ? Alors que cette pièce existe dans ta mémoire. La réponse, c'est que tu te souviens d'une autre maison.

Sayaka secoua aussitôt la tête.

— Ce n'est pas possible. Je me souviens de cette maison. Il n'y a aucun doute. J'en suis absolument sûre.

— Alors tu abandonnes l'idée qu'il y avait une pièce avec un vase noir et des rideaux verts ? Tu veux bien admettre que cette pièce n'a jamais existé ?

— Ça… Sayaka avait baissé la tête.

Je posai ma main sur son épaule.

— Pour être franc, dès l'instant où nous sommes entrés dans cette maison, j'ai eu une impression qui me conforte maintenant dans mon idée. Parce que, dans cette maison, il n'y a pratiquement aucune trace qui montre qu'elle a été habitée.

Elle releva la tête. Je continuai en la regardant :

— Tu vois le tapis sur lequel nous sommes. Il est plein de poussière, mais il est presque neuf. Et il n'y a pas que le tapis. Le sol sous la table de la cuisine ne porte aucune des marques que laissent les chaises quand on les tire. Le reste, c'est pareil. Tout est à l'état neuf, seul le temps s'est écoulé.

— Allons… Il y a beaucoup de traces d'une vie passée, quand même.

— Tu trouves ?

— Mais oui. Dans la chambre de Yusuke et dans celle de ses parents. Et le réfrigérateur dans la cuisine.

— Alors, à ton avis, pourquoi la lumière ne s'allume-t-elle pas ?

— La lumière, tu veux dire l'ampoule au néon ? Eh bien, parce que le courant est coupé.

— Non. Ce n'est pas une question de coupure de courant, l'électricité n'a jamais été installée ici.

En entendant ma réponse, Sayaka resta un instant bouche bée avant que la surprise n'envahisse son visage.

— C'est faux…

— C'est vrai, je t'assure. Je suis allé vérifier tout à l'heure. Tu veux venir le constater par toi-même ?

Elle ne répondit pas. Elle continuait simplement à secouer la tête.

— Sans électricité, comment peut-on vivre ?…

— On ne peut pas, répondis-je. En tout cas pas dans une maison équipée comme celle-ci. Et l'électricité n'était pas installée. Alors une seule conclusion. Personne n'a jamais vécu ici.

— Pourquoi ?

— Je n'en sais rien.

Elle se laissa tomber sur le sofa comme si ses jambes ne la portaient plus. La tête entre les mains, elle regardait dans le vague, les yeux rougis.

— Comment est-ce possible ? Alors c'était quoi, tout ça ? Les cahiers et les livres de classe sur la table de Yusuke, le rocking-chair avec le tricot dans la chambre des parents. Comment tu expliques ça ?

— Quelqu'un a dû décider de construire une réplique...

— Une réplique ?

— Oui. Ici aussi, ajoutai-je en regardant autour de moi dans le salon. Cette pièce est dans le même état que dans ton souvenir, n'est-ce pas ?

Elle hocha la tête.

— L'expression d'une époque révolue dans une maison ancienne, c'est un peu comme une réplique. Même si on ne voit pas du tout pourquoi elle a été construite.

— C'est absolument incroyable.

Le regard perdu, elle avait commencé à trembler légèrement.

Agenouillé à ses pieds, je lui pris les mains.

— Je crois que la clef qui résoudra le mystère se trouve dans ta mémoire. La pièce avec le vase noir et les rideaux verts. Si cette maison est la réplique d'une autre maison plus ancienne, il faut savoir pourquoi cette pièce est la seule à manquer. J'ai l'impression que, si on trouve pourquoi, on comprendra sûrement le reste.

Elle soupira.

— En fait, tant que je ne me souviendrai pas on n'avancera pas, c'est ça ? Je suis désolée mais rien ne me revient. Il y a un mur dans ma tête, et je n'arrive pas à le franchir.

— Il doit y avoir une porte dans ce mur. Il faut absolument que tu trouves un moyen de l'ouvrir.

Je me levai.

— Où vas-tu ?

— Voir ce qu'est devenue la pièce qui a disparu, répondis-je.

3

Debout devant l'endroit du mur où Sayaka avait insisté au sujet de la porte, je me remis à réfléchir.

Comment faisait-on, en construisant une maison à l'identique, pour éliminer une pièce de la structure ? A un bout, il suffisait de l'enlever, mais ce n'était pas aussi simple si la pièce se trouvait prise entre un salon et une pièce traditionnelle.

J'entrai dans la pièce traditionnelle avec en tête le plan d'ensemble de la maison.

Du côté opposé à l'alcôve décorative, c'est-à-dire sur le mur côté salon, il y avait un placard. Il n'était pas très large, à peine un mètre, avec une porte de même motif que la cloison coulissante. Je l'ouvris mais il n'y avait rien dedans. Pas d'étagères non plus.

Je reculai d'un pas pour avoir une vue d'ensemble et me fis la réflexion qu'il y avait quelque chose de bizarre. La largeur entière de la cloison faisait presque trois mètres, si bien qu'il restait au moins deux mètres à côté. Derrière se trouvait le salon mais il y avait trop d'espace.

Je tapai contre le mur. Cela sonnait creux.

Avec un pressentiment, je sondai minutieusement le mur. N'ayant rien trouvé de suspect, je regardai à nouveau dans le placard. Je remarquai alors sur le côté une planche de formica avec, juste au niveau de la taille, deux morceaux de bois cloués pouvant servir de poignées. J'en pris une que je secouai pour voir. La planche n'avait pas été fixée, il y avait du jeu.

J'entrai dans le placard pour saisir les deux poignées et je tirai vers le haut. La planche glissa, libérant un espace dessous. Je continuai en tirant vers moi. La planche se détacha du mur sans difficulté.

Dans l'espace qui apparut, il y avait manifestement tout un bric-à-brac entassé. J'eus un instant l'impression d'être un archéologue découvrant un nouveau site.

— Tu ne voudrais pas m'éclairer ? criai-je.

Sayaka apporta aussitôt la lampe. En me voyant dans le placard, face à ce mystérieux débarras, elle se figea un instant.

— Qu'est-ce que c'est que ça ?

— C'est bien ce que je compte découvrir maintenant, dis-je en lui prenant la torche des mains.

Il y avait là des pots, du matériel de cuisine et des objets métalliques. Tout était recouvert de poussière.

— C'est peut-être ce qu'il y avait dans la maison avant sa reconstruction, dis-je.

— S'il te plaît, laisse-moi regarder, me dit-elle.

Je sortis du placard pour lui laisser la place. Elle y entra et tendit aussitôt le bras vers le fond.

Elle en tira un vase noir à long col. C'était à l'évidence l'objet qui revenait sans cesse dans son souvenir.

Elle se retourna lentement vers moi, le vase à la main.

— Cette pièce existait donc bien.

— Tu es sûre que c'est le même vase ?

Elle baissa à nouveau les yeux dessus. Elle en enleva la poussière avec sa main et un motif de fleurs blanches fit son apparition.

— Aucun doute, dit-elle en hochant la tête, je me souviens de l'avoir vu.

— Laisse-moi prendre ta place.

Je retournai dans le placard. Je vérifiai les autres objets. Il y avait une boîte en duralumin, je l'ouvris, elle contenait un revêtement en polyuréthane découpé. Je compris que ce devait être pour y ranger les accessoires du télescope. Il y avait aussi quelques feuilles d'observation semblables à celles que nous avions trouvées à l'étage.

— Dis, tu ne trouves pas qu'on dirait que ça a brûlé ? dit Sayaka.

Elle tenait un coffret en bois destiné à recevoir un service à thé. Je vis que ce qui paraissait noir n'était pas une couleur, mais une trace de brûlé.

— C'est vrai.

Je cherchai parmi les objets pour voir s'il n'en existait pas d'autres dans le même état. Je trouvai une poupée en celluloïd au bras fondu et une paire de sandales à semelles de bois carbonisée. Ces objets témoignaient d'un événement.

— Un incendie ? hasardai-je avant de hocher la tête. Eh bien, ça répond à l'une de nos questions.

— Laquelle ?

— Ce qu'est devenue l'ancienne maison. Elle a été détruite par un incendie. Et quelqu'un de profondément attaché à cette maison aura voulu en construire une réplique.

— Et il n'a pas reconstruit la pièce où se trouvait ce vase, dit Sayaka, qui le tenait toujours.

— Peut-être que c'est dans cette pièce qu'a pris le feu à l'origine du sinistre. C'est pourquoi ce quelqu'un n'aurait pas voulu la reproduire. A la place, il aurait aménagé cet espace secret en débarras. Et il y aurait mis les objets récupérés dans la maison incendiée... Cela a dû se passer ainsi.

— Un incendie ?...

Sayaka, les yeux rivés sur le vase, semblait partie très loin dans ses pensées. M'entendre parler d'incendie lui évoquait peut-être quelque chose.

— Ton père ou ta mère ne t'ont jamais parlé d'un incendie ?

— Peut-être mais..., dit-elle en secouant la tête, découragée. J'ai oublié.

J'acquiesçai en disant que ce n'était pas étonnant, et je retournai à mes recherches dans le tas d'objets de l'ancienne maison. Bientôt je trouvai un petit réveil rond. Le rebord métallique était rouillé et le cadran tout rayé, mais les chiffres et les aiguilles étaient en bon état.

Le réveil indiquait onze heures dix.

Je le montrai à Sayaka.

— Nous comprenons enfin à quoi cette heure correspond. C'est l'heure à laquelle s'est produit l'incendie.

Après avoir plusieurs fois cligné des yeux, Sayaka poussa un grand soupir.

— C'était donc ça... Mais alors, pourquoi a-t-on synchronisé toutes les pendules de cette maison sur cette heure-là ?

— Peut-être pour rappeler que jusqu'à cette heure-là, la maison existait encore ? A onze heures onze tout était réduit en cendres. Sauf tout ça, bien sûr, dis-je en dirigeant le faisceau lumineux vers l'espace secret.

C'est à ce moment-là que quelque chose brilla. Sur la paroi intérieure du mur, à peu près à ma hauteur.

Je me redressai pour éclairer l'endroit. C'était une croix. Contrairement à celle que j'avais trouvée au sous-sol, celle-ci était magnifique, avec des décorations métalliques.

Je vis juste à côté des caractères gravés. Je grattai la poussière avec le doigt, ce qui me permit de les déchiffrer. Ce devait être du travail d'amateur, les caractères chinois n'étaient pas très réguliers.

J'appelai Sayaka.

— Viens voir un peu, lui dis-je en éclairant la croix et les caractères.

En les voyant, Sayaka fit la grimace.

Il y était écrit : "Yusuke, repose en paix, 11 février."

4

— Nous avons donc obtenu une autre réponse à nos questions, dis-je en éteignant la lampe torche. Yusuke est mort dans l'incendie. Il n'a pas été tué, il ne s'est pas suicidé non plus.

— Tu crois qu'il est mort dans cette pièce ? dit-elle en montrant le vase. La pièce où il y avait ce vase…

— Oui, sans doute.

J'inspirai lentement en fermant les yeux et je les rouvris après avoir expiré un grand coup :

— C'est sans doute à cause de cet affreux souvenir que cette pièce est la seule que l'on n'a pas voulu reconstituer.

— Et c'est pourquoi on y a placé une croix, a dit Sayaka avant de se retourner. Pour que Yusuke puisse reposer ici.

— En paix, donc… ?

A l'instant même où je répondais, j'eus le sentiment de comprendre la raison d'être de cette réplique.

— Alors cette maison, ce serait ça ?

— Ça ? Quoi donc ?

Le regard de Sayaka était anxieux.

Mais, sans répondre, je me mis à tourner sur les tatamis de la pièce pour essayer de rassembler mes idées. Toutes les petites choses et les détails sur lesquels j'avais buté jusqu'alors me revenaient d'un coup à l'esprit. Je les confrontais un à un pour vérifier qu'ils n'étaient pas en contradiction avec mon hypothèse.

— Le cahier ? ai-je demandé en m'arrêtant. Le cahier, où l'ai-je posé ?

— Tu l'as regardé hier soir, il ne serait pas resté à l'étage, dans la chambre des parents ?

Je quittai précipitamment la pièce pour rejoindre l'escalier. Sayaka me suivit.

Mais, avant d'y arriver, je m'arrêtai dans l'entrée. Je venais de remarquer le cadre accroché au-dessus du placard à chaussures. La peinture représentait un port quelconque.

— Qu'y a-t-il, dis-moi, qu'y a-t-il ?

Sayaka me tirait par la manche.

— En voyant ça, j'ai même pas réalisé. Je suis vraiment un triple idiot ! m'exclamai-je en désignant la peinture.

— Qu'est-ce qu'il a, ce dessin ?

— Je vais t'expliquer tout de suite. Mais avant je veux voir le cahier.

Je me dirigeai vers l'escalier.

Dans la chambre des parents, j'ouvris le cahier où Yusuke avait tenu son journal. C'était dans les premières pages, un passage où il n'écrivait pas encore beaucoup de caractères chinois.

— C'est bien ce que je pensais, dis-je après avoir parcouru cette partie-là. Avec ça, tout s'éclaire. Bon, retournons en bas, proposai-je en posant légèrement ma main sur l'épaule de Sayaka.

Dans l'entrée, je lui montrai une nouvelle fois le cadre.

— En voyant ce tableau, tu n'as pas trouvé que quelque chose ne collait pas ?

Sayaka réfléchit un instant avant de secouer la tête :

— Non, qu'est-ce qui ne colle pas ?

— La peinture en elle-même est tout à fait normale. Le problème est de savoir s'il est judicieux d'accrocher un tableau pareil à cet endroit. Le dessin d'un port alors qu'on est en pleine montagne, tu ne trouves pas ça curieux ?

Perplexe, elle pencha un peu la tête en observant à nouveau la peinture.

— En effet, ça ne convient pas très bien, mais chacun est libre d'accrocher les tableaux qu'il aime.

— Oui, bien sûr. Mais ça ne me paraît pas très naturel. Et il y a autre chose, tu veux lire ici ?

Je lui montrai le cahier de Yusuke toujours ouvert que je tenais à la main.

Il y était écrit ceci :

"12 mai. Nuageux puis ensoleillé. Aujourd'hui il a fait très chaud. Tout le monde se plaignait. Quand on s'est lavé les mains après avoir fait le ménage, c'était agréable de se laver aussi les pieds. Tout le monde voulait aller à la mer. J'aime nager. En rentrant à la maison, maman aussi était en manches courtes."

J'attendis que Sayaka relève la tête pour lui dire :

— C'est bizarre, hein ? En lisant ce passage la première fois, je n'y ai pas fait vraiment attention. Mais c'est là que ça ne colle pas.

Comme elle n'avait pas l'air convaincue, je lui montrai la page.

— Tu ne crois pas que c'est curieux que tout le monde veuille aller à la mer parce qu'il fait chaud ? Bien sûr c'est normal pour des enfants. Mais ce qui est curieux, c'est de parler de la mer quand on se trouve en pleine montagne, ici à Nagano. Surtout que le lac de Matsubara se trouve tout à côté.

Elle ouvrit soudain la bouche sous le coup de la surprise.

— Je crois que tu as compris ce que je voulais dire, dis-je en refermant le cahier. Cette maison n'a pas été simplement reconstruite. Celle d'origine se trouvait dans un endroit complètement différent.

— Et cet endroit...

— ... est celui où vous habitiez avant de déménager, tes parents et toi, c'est-à-dire Yokohama. Cette peinture représente sans doute le port de Yokohama.

— Tu veux dire qu'on a reproduit ici la maison qui se trouvait à Yokohama ?

— Oui.

— Mais pourquoi aurait-on fait ça ? Pourquoi dans un endroit aussi éloigné ?

Tout en y réfléchissant, je me frottai distraitement le menton. Ma barbe avait pas mal poussé, mais dans cette maison je ne pouvais pas me raser.

— Tu connais le palais de Cnossos ?

Après avoir réfléchi un peu, j'avais décidé de commencer par là.

Elle ne le connaissait pas et secoua la tête pour me le faire savoir. Je compris au mouvement de ses sourcils qu'elle se demandait pourquoi j'en parlais.

— C'est une construction représentative de la civilisation crétoise. A l'intérieur, il y a une pièce qui a donné bien du mal aux archéologues. Au premier coup d'œil, elle ressemble à la chambre du roi, mais on s'est aperçu qu'il y avait plein de détails qui ne collaient pas. Par exemple le système d'écoulement des eaux usées. Il y en a un, mais il s'interrompt en cours de route et ne remplit pas sa fonction. Et les matériaux de construction. On a utilisé, pour l'escalier par exemple, des pierres faciles à façonner, mais qui en contrepartie se dégradent facilement. En plus, il n'y avait pas de traces d'usure sur les marches de cet escalier. Tout le monde se demandait à quoi avait pu servir cette mystérieuse pièce.

— Et à quoi servait-elle ?

— A force de réfléchir, les chercheurs ont fini par trouver la réponse. Il s'agissait d'une tombe. Une chambre utilisée par le mort dans l'au-delà, la chambre d'un fantôme.

Je vis le sang se retirer de son visage. Elle porta ses mains à sa poitrine, en regardant autour d'elle avec des yeux pleins d'angoisse. Son visage était légèrement grimaçant.

— Tu veux dire que cette maison aussi, c'est une tombe ?

— Tout semble aller en ce sens. Qu'il n'y ait pas d'électricité, pas de traces de vie. Sans doute que l'on n'a même pas fait venir l'eau. Cette maison n'est qu'une réplique, elle n'était pas destinée à ce que quelqu'un y vive.

— Mais enfin… regarde comment elle est meublée.

— Oui, mais l'essentiel manque. Et les affaires de Yusuke et de monsieur Mikuriya laissées telles quelles comme s'ils étaient encore en vie, tu ne trouves pas ça bizarre, toi ? Tout ça aurait dû être débarrassé depuis longtemps si quelqu'un avait vécu ici. Cette maison était destinée à être habitée par les morts. Tu as vu les marques sur le pilier. Quelqu'un a imaginé que Yusuke continuait à grandir dans l'autre monde.

Tout en parlant, je me rendais compte des bizarreries que je racontais, et j'en eus froid dans le dos.

— Mais enfin, construire une telle maison exprès pour en faire une tombe, c'est…

— Non, je ne pense pas que ce soit exagéré. Il n'y a pas beaucoup de terrain, et il n'y a pas eu de travaux d'adduction d'eau, de gaz ni d'électricité. C'est juste une construction. C'est pourquoi cet emplacement a été choisi. Ici on est à l'abri des regards indiscrets. Mais cela a dû demander pas mal de travail. Ce qui m'impressionne le plus, c'est le contenu de la bibliothèque de Yusuke. Les magazines et les livres concernant les locomotives, il y en a toute une étagère, il a fallu les retrouver dans des librairies d'occasion pour reconstituer le passé. Parce qu'une grande partie de ceux qui avaient réellement été achetés a dû brûler dans l'incendie.

— C'est pourquoi il y avait tous ces livres d'occasion ? Et elle ajouta en regardant mes mains : Mais ce cahier, il n'a pas brûlé, lui.

— Ça ? dis-je en fixant le journal de Yusuke. Il ne devait pas se trouver dans la bibliothèque, mais rangé précieusement quelque part. C'est ainsi qu'il aura échappé au sinistre.

— Je ne sais pas, mais je trouve cela plutôt ironique.

— C'est vrai.

Peu d'objets avaient dû échapper à l'incendie. Sans doute ceux qui avaient été déposés dans le placard. Et peut-être que le télescope avait été épargné parce qu'il était rangé dans sa boîte en duralumin ?

— Si ça s'est passé comme tu le dis, alors qui a construit cette maison ?

— Deux personnes auraient pu le faire. Le véritable père de Yusuke, ou sa grand-mère. On peut difficilement imaginer que celui qui le maltraitait ait pu construire quelque chose à sa mémoire, à moins que son amour paternel ne se soit réveillé à la mort de son fils.

Sayaka posa sa main sur sa joue.

— Et mon père dans tout ça ? Qu'est-ce qu'il venait faire ici de temps en temps ?

— Dans la mesure où l'endroit est une tombe, il me semble qu'il n'y a qu'une seule raison pour qu'il soit venu ici régulièrement, dis-je en la regardant. Et j'ajoutai, après m'être assuré qu'elle n'avait pas l'intention de me répondre : Il venait s'y recueillir.

— En mémoire de Yusuke ?

— Certainement.

— Il y avait des canettes de jus de fruits dans le réfrigérateur. Et du corned-beef que papa détestait.

— Yusuke devait aimer ça, dis-je doucement. Tu sais bien qu'on apporte toujours aux morts ce qu'ils aimaient de leur vivant.

Sayaka baissa la tête en silence. J'entendis un drôle de petit bruit. Il me fallut un peu de temps pour comprendre qu'elle sanglotait.

— C'est vrai que la porte d'entrée a été condamnée avec des boulons, dit-elle en relevant la tête.

— Sans doute pour empêcher les profanations, répondis-je, même si les voleurs croiraient plutôt à une résidence secondaire.

— Ce qui veut dire que…, commença-t-elle en s'appuyant contre le mur le plus proche, depuis hier nous sommes dans une tombe.

— Ça t'effraie ?

— Un peu. Mais… Elle regarda le plafond. C'est que je me sens triste. Quand je pense aux sentiments de la personne qui a construit cette réplique.

— Oui.

Nous revînmes dans le salon. A la pensée que nous nous trouvions au cœur d'une tombe, le sofa et le reste du mobilier qui jusqu'alors nous paraissaient recouverts de poussière, prenaient soudain à mes yeux un air solennel.

— On est un peu comme Indiana Jones, hein.

— Exactement.

Nous avions vu ce film ensemble.

— Dis-moi, si c'est une tombe, tu crois que les corps sont inhumés dessous ?

— Je ne pense pas. Parce qu'il y a des formalités à remplir pour les inhumations, dis-je avant de pencher la tête. Mais bon, on ne peut pas savoir.

— S'ils ont été inhumés, c'est peut-être sous le placard de la pièce cachée ?

— Peut-être. Il y a quand même une croix. Tout en parlant, je fus pris d'un doute : Il y avait aussi une croix au sous-sol. Je me demande à quoi elle sert.

— Peut-être à marquer l'entrée de la tombe ?

Je n'étais pas convaincu et je me levai, la lampe à la main. Sayaka ne me suivit pas.

Je descendis au sous-sol pour observer à nouveau l'autre croix. C'était un objet grossièrement sculpté dans un simple morceau de bois. Je me demandais pourquoi on n'avait pas mis quelque chose de plus beau.

J'éclairai autour avec le faisceau de la lampe. C'est alors que je découvris près du plafond quelque chose qui ressemblait à des éraflures. Quelqu'un avait gratté le ciment avec une pointe comme celle d'un canif.

Je pris mon mouchoir pour frotter la surface. Mon pressentiment se révéla juste. Il y avait là aussi des caractères.

5

Ayant entendu un bruit de pas descendre l'escalier, je m'éloignai du mur.

— Tu as trouvé quelque chose ? me demanda Sayaka. Je m'inquiétais de ne pas te voir revenir.

— Oui, j'ai trouvé quelque chose d'amusant, lui répondis-je, la lampe coincée sous le bras, en tapant dans mes mains pour en enlever la poussière. Mais finalement ce n'est pas très intéressant.

— Tu examinais la croix, n'est-ce pas ? Tu as compris quelque chose ?

— Oui. C'est bien ce que je pensais, là aussi on a gravé des caractères, dis-je en éclairant l'endroit avec la lampe.

"... repose en paix. 11 février", disaient les caractères gravés sur le mur en ciment.

— Comme ce qui est écrit à côté de l'autre croix, là-bas ?

— Oui.

— Mais ça, c'est quoi ? Elle montrait l'endroit juste au-dessus de l'inscription "repose en paix". On dirait que ça a été effacé.

— Ce doit être une simple éraflure.

— Mais non. Regarde bien, insista-t-elle.

Je m'approchai à nouveau du mur.

— C'est bizarre, hein ? continua-t-elle. On dirait que des caractères ont été gravés ici aussi avant d'être effacés. Tu ne crois pas ?

— Oui, on dirait, acquiesçai-je. C'était peut-être simplement pour corriger une faute.

— Oui, peut-être, mais... Elle gardait les yeux rivés à cet endroit : Comment peut-on se tromper quand il s'agit juste d'écrire "repose en paix" ?

Un peu à l'écart, je gardais le silence. Je ne voulais pas répondre n'importe quoi.

Je vis la tension de ses épaules se relâcher d'un coup. Elle me regarda avec un petit sourire.

— Je ne sais pas, me dit-elle. Comme tu le dis, c'est peut-être juste une faute qui a été corrigée.

— Je pense qu'il vaut mieux partir de ce qu'on a compris.

— C'est ce que je vais faire.

Elle se dirigea vers l'escalier. Je posai ma main sur son dos pour la soutenir.

— Et si nous nous en tenions là pour cette fois et rentrions à Tokyo ? proposai-je quand nous fûmes de retour dans le salon. On a compris pour la maison. On sait pourquoi ton père venait ici. On a aussi une idée à propos de certaines choses que tu as vues ici dans ton enfance. Je pense que nous avons presque atteint notre but.

— Mais je n'ai pas encore retrouvé la mémoire.

— Je sais. Mais je ne crois pas que rester plus longtemps ici te fera avancer. Pour tout ce qui concerne la famille Mikuriya, par exemple, tu auras plus de chances d'obtenir des informations à Yokohama qu'ici.

Sans me répondre, Sayaka s'approcha du piano. Elle souleva le couvercle, tapa sur une touche. Le son était un peu mouillé. Même moi qui n'avais pas une bonne oreille, je sentais qu'il n'était pas naturel.

— J'ai joué du piano de cette façon. Il y a très longtemps. Dans un passé très lointain. Elle regarda autour d'elle : Dans cette pièce. J'en suis sûre.

— Dans la maison qui a servi de modèle à cette pièce ?

Elle eut un rire léger :

— Oui. Dans celle qui a servi de modèle.

— Tu allais sans arrêt t'amuser dans cette maison. Et tu es entrée je ne sais combien de fois dans un salon identique à celui-ci. Il n'y a rien d'étonnant à ce que tu y aies joué du piano pour t'amuser.

— Pour m'amuser...

Elle tira le tabouret et s'assit devant l'instrument. Son corps prit soudain l'attitude de quelqu'un qui s'apprête à jouer. Elle ne m'avait jamais dit qu'elle jouait du piano.

Mais elle ne frappa pas les touches. Elle se retourna brusquement vers moi.

— Je viens d'avoir l'impression de savoir en jouer, dit-elle. Tu dois trouver cela idiot, mais j'ai vraiment eu cette impression. Même si je ne sais absolument pas comment bouger les doigts.

— Les filles rêvent toutes plus ou moins de jouer du piano, il me semble.

— Il ne s'agit pas de ça. Comment dire ? C'est quelque chose de profond.

Elle se frappa les genoux comme si elle était énervée. Mais aussitôt, comme si insister sur ce qu'elle ressentait ne servait à rien, elle poussa un soupir. Puis elle dit :

— Moi je ne rentre pas. Je reste ici encore un peu.

— Mais n'avons-nous pas trouvé tout ce que nous sommes venus chercher ?

— Il reste encore quelque chose. Le coffre de tout à l'heure.

— Ah oui. Cette fois-ci, ce fut à mon tour de soupirer : Mais sans la combinaison il ne s'ouvrira pas. C'est impossible.

— Quel genre de combinaison ? Il faut trouver combien de chiffres ?

— Plusieurs nombres à deux chiffres. Et la molette ne tourne que dans un sens, alors on ne peut pas essayer à l'aveuglette.

— Ce code est certainement quelque part, tu ne crois pas ?

— C'est ce que j'ai pensé, mais j'ai cherché partout sans rien trouver.

— Des chiffres, hein ? Elle se retourna vers le piano et ferma le couvercle : En tout cas je reste encore un peu.

Le ton de sa voix était calme et elle paraissait déterminée.

— D'accord. Mais, avant, tu ne voudrais pas aller manger un peu ? Tu dois avoir faim.

— Je ne sais pas trop. Vas-y tout seul. Moi je reste ici. Si je sors, j'ai peur que le sentiment de proximité que je ressens maintenant se dissipe à nouveau.

— Bon, je vais acheter quelque chose. Les sandwichs, ça commence à bien faire, que dirais-tu de boulettes de riz avec du thé vert ?

— Oui, fais comme tu veux, me répondit-elle, distraite.

Son cœur devait être tout entier tourné vers la recherche de sa mémoire perdue.

J'allai seul en ville. Tout en conduisant, je me demandais si je n'aurais pas mieux fait de ne pas l'accompagner en cet endroit. La pensée qu'en réalité c'était une erreur avait commencé à envahir mon esprit. Nous avions résolu bien des mystères, mais je doutais fort que cela fût de la moindre utilité pour Sayaka. Je craignais au contraire que cela eût pour résultat de la blesser encore plus. Elle ne s'en rendait peut-être pas compte, mais la possibilité existait bel et bien.

Par chance, la supérette où nous étions passés la veille était déjà ouverte. J'achetai plusieurs boulettes de riz enveloppées séparément, une salade composée et deux canettes de thé vert. Je ne voulais pas acheter trop de choses à manger. J'espérais que ce serait le dernier repas dans cette maison.

En rentrant, je passai à proximité du lac de Matsubara. Peut-être parce que c'était dimanche et que l'on attendait des touristes, les boutiques en bordure du lac paraissaient plus animées que la veille.

De retour à la maison, j'allai au salon avec le sac de nourriture, mais Sayaka ne s'y trouvait pas. Après avoir jeté un coup d'œil dans la pièce aux tatamis, je me dirigeai vers l'escalier.

Elle était dans la chambre des parents à l'étage. Assise sur le rocking-chair, elle regardait distraitement en direction de la fenêtre. Elle dut entendre mes pas, car elle se retourna.

— J'ai attendu ton retour, me dit-elle.
— Attendu, pour quoi faire ?
— Regarder à l'intérieur.
— De quoi ?
— Du coffre, continua-t-elle sur le même ton insouciant.
— Du coffre ? répétai-je en tournant mon regard vers le placard. La porte du coffre sur laquelle je m'étais tant acharné était largement ouverte en face de moi. Je déglutis avant de la regarder : Comment as-tu fait pour l'ouvrir ?

— J'ai appliqué la combinaison, dit-elle en faisant le geste de tourner la molette.

— Tu as trouvé les nombres ?

— Oui, acquiesça-t-elle. Dans cette maison, il n'y avait que ceux-là. 11 février, onze heures dix. 11, 02, 11, 10.

— Et il s'est ouvert.

— Oui, répondit-elle sans triompher plus que ça.

— Allons bon. Après tous les efforts que j'ai fournis, c'est vraiment stupide.

— Allons, ce n'est pas grave. Elle se leva pour me rejoindre : Tu veux bien sortir ce qu'il y a dedans ?

— Tu n'as pas encore regardé ?

— Non, dit-elle, en se forçant manifestement à sourire. J'avais peur.

Tout en me disant intérieurement que c'était plutôt à moi d'avoir peur, je tendis le bras.

Le coffre contenait une enveloppe de couleur grise au format A4. A son épaisseur, on pouvait supposer qu'elle ne contenait pas que du papier.

L'enveloppe était adressée à madame Fujiko Mikuriya. L'épouse de Keichiro Mikuriya et la grand-mère de Yusuke. Au dos de l'enveloppe quelqu'un avait écrit : Sohachi Ogura, préfecture de police de Kanagawa.

— Un inspecteur ?...

— Qu'est-ce qu'il y a dedans ?

Pressé par Sayaka, j'ouvris l'enveloppe. Elle contenait deux feuillets de papier à lettres et un gant bleu. Un modèle pour enfant.

— Il était question de gants dans son journal, dit Sayaka. Il me semble que c'était le Jour de l'an. Il disait qu'il avait mis pour la première fois les gants bleu ciel que lui avait tricotés sa maman.

Je posai le gant sur ma paume. Le pouce et l'index manquaient : ils avaient brûlé.

6

Sur les feuilles de papier à lettres, de la même écriture que sur l'enveloppe, on pouvait lire ceci :

"Je me permets de vous renvoyer l'objet que nous avons gardé pendant si longtemps. Dans la mesure où il appartenait à votre petit-fils défunt, il a dû beaucoup vous manquer, mais il nous était nécessaire pour l'enquête. Je vous prie de bien vouloir m'en excuser.

"Hier au commissariat, nous avons rendu notre rapport final. Nous allons sans doute conclure, en ce qui concerne l'incendie, qu'il a été dû à un accident provoqué par un feu mal éteint. Le feu aurait pris dans le bureau de monsieur Masakazu, la pièce située au centre du rez-de-chaussée. Vous devez savoir comme nous qu'à cette époque l'air était sec comme aujourd'hui, ce qui provoque beaucoup d'accidents de ce genre.

"Mais si vous me permettez de donner mon opinion, personnellement, je ne suis pas d'accord avec cette conclusion. Plusieurs questions restent sans réponse pour moi. Celle qui me préoccupe le plus concerne le bidon de pétrole lampant retrouvé dans la pièce. A ce sujet, vous avez déclaré que monsieur Masakazu, trouvant contraignant d'aller au sous-sol chercher du pétrole pour alimenter son poêle, avait pris l'habitude d'en laisser un bidon dans son bureau.

"Nous avons recueilli un témoignage similaire de la part de madame Tamiko Kurahashi, votre ancienne femme de ménage.

"Mais je ne suis toujours pas convaincu. D'après ce que nous avons pu en juger dans les décombres de l'incendie, nous pouvons supposer que le bureau de monsieur Masakazu était une pièce élégante contenant des meubles et des objets de valeur. Je ne peux pas imaginer une chose aussi vulgaire qu'un bidon de pétrole lampant entreposé dans cette pièce, même dans un coin.

"Pour être franc, je continue de croire à l'intuition qui a été la mienne dès le départ et qui a provoqué votre colère, à savoir que l'incendie aurait été le résultat d'un double suicide forcé d'un père et de son enfant.

"Le gant du jeune Yusuke retrouvé sur les lieux vient, semble-t-il, corroborer mon hypothèse. Sur ce gant que vous m'avez confié, entre la première et la deuxième articulation des doigts, on voit très nettement de fines traces marron. De toute évidence, il s'agit de rouille. Pourquoi y a-t-il ainsi de la rouille ? Après avoir examiné toutes les possibilités, il m'a semblé que la plus convaincante était qu'il avait porté le bidon de pétrole lampant. Ces bidons sont pourvus d'une fine poignée métallique et, quand celle-ci est rouillée, si on soulève le bidon avec des gants, le métal laisse ce genre de marque.

"C'est la raison pour laquelle je vous ai emprunté ce gant.

"Mais, au laboratoire, ils n'ont pas pu prouver que ce gant avait servi à transporter un bidon. Dès lors, vous savez comme moi que cet objet n'a plus valeur de pièce à conviction.

"Plusieurs autres éléments douteux ont pu me faire penser qu'il ne s'agissait pas d'un simple incendie, mais aucun ne suffit à étayer la thèse selon laquelle il s'agirait d'un meurtre suivi d'un suicide.

"Je le regrette mais j'ai décidé de me retirer de cette affaire. Une autre affaire importante m'attend, qui mobilise toute mon énergie.

"Je n'aurai sans doute plus l'occasion de vous rencontrer. Prenez soin de vous, je prie pour que vous puissiez surmonter rapidement votre chagrin."

Il y avait un post-scriptum :

"P.-S. J'ai reçu récemment un curieux témoignage. Le 11 février, c'est-à-dire le jour de l'accident, on vous aurait vue au zoo accompagnée. C'est impossible compte tenu de l'heure et, puisque vous m'avez dit que vous étiez partie faire des courses toute seule, cela ne concorde pas. J'ai expliqué ceci au témoin, mais il n'avait pas l'air convaincu. Il a dû vous confondre avec quelqu'un d'autre."

Ma lecture terminée, je passai les feuillets à Sayaka. Elle s'absorba à son tour dans la lecture. Pendant ce temps, j'examinai le gant qui était joint dans l'enveloppe. Comme l'avait dit l'inspecteur Ogura dans sa lettre, il y avait des traits marron au niveau des doigts.

— Quelle histoire, laissai-je échapper.

C'était bien ce que je pensais : la mort de Yusuke semblait bel et bien mêlée à d'inextricables et terribles relations humaines.

— Un double suicide forcé…, murmura Sayaka. L'incendie n'était pas un simple accident ?

— Il semble que l'on ne puisse pas l'affirmer. C'est juste une supposition que fait cet homme.

— Mais il a écrit qu'il y avait plein d'éléments douteux. Et ce gant, dit-elle en regardant mes mains.

— C'est vrai que c'est bizarre d'avoir trouvé un bidon de pétrole lampant dans les ruines de la pièce d'où le feu est parti, ai-je dit. En principe, la police aurait dû enquêter un peu plus soigneusement.

Sayaka parut intriguée par l'étrange tournure de ma phrase.

— En principe ? questionna-t-elle aussitôt.

— Monsieur Mikuriya était un homme de loi. Il avait certainement des relations importantes dans la police. Par conséquent, il y a fort à parier que l'inspecteur n'a pas trop approfondi son enquête. Surtout si madame Mikuriya a insisté auprès des instances supérieures pour qu'il n'aille pas fouiner trop loin.

— Tu veux dire que madame Mikuriya savait qu'il s'agissait d'un double suicide et qu'elle voulait le cacher ?

— C'est possible. En prenant les choses à l'envers, on peut dire que, si l'inspecteur n'a pas cherché trop loin, c'est peut-être que l'incendie n'était pas simplement accidentel.

Sayaka baissa à nouveau les yeux vers la lettre avant de relever la tête.

— Dans ce cas, lequel des deux a pris l'initiative du double suicide ? Masakazu le père ? ou alors…

— Si on se base sur l'hypothèse avancée par cet inspecteur, ce serait plutôt Yusuke.

Elle semblait s'attendre à cette réponse et ne parut pas surprise. Elle eut plutôt l'air découragée de cette confirmation.

— Le bidon de pétrole lampant... Si c'est lui qui l'a transporté, c'est évident.

— Le feu s'est déclenché vers onze heures du matin. En plus, le 11 février était un jour férié. Si ça se trouve, Masakazu Mikuriya était encore couché. Puisqu'il paraissait aimer l'alcool, on peut même supposer qu'il avait la gueule de bois. C'étaient peut-être les conditions idéales que Yusuke attendait pour passer à l'acte.

— Comment crois-tu qu'il s'y est pris ? me demanda-t-elle avec une lueur de crainte dans les yeux.

— Bah, de la manière habituelle. Pendant que l'autre dort, on répand le pétrole et on met le feu. C'est simple. Même un enfant peut le faire.

— Et après, comment on fait ? On saute dans les flammes ?

— Sans doute que oui.

Sayaka me regarda droit dans les yeux sans rien dire. Tu en es sûr ? semblait-elle me demander.

— Non ? continuai-je.

— Je me demande si on peut faire une chose pareille, dit-elle en penchant la tête d'un air perplexe. Quelque chose qui fait si peur.

— Quand on lit le journal du jeune Yusuke, on voit bien à quel point son père le faisait souffrir. L'être humain poussé dans ses derniers retranchements est capable de choses incroyables, tu sais.

— Je comprends, mais... Elle porta une main à sa joue en baissant légèrement la tête. Elle ne semblait pas convaincue.

Je remis le gant dans l'enveloppe.

— En tout cas, il n'y a aucun moyen de vérifier plus avant. Et, comme l'a écrit cet inspecteur, que

Yusuke ait pris l'initiative de ce double suicide n'est qu'une supposition.

— C'est vrai, répondit-elle à mi-voix avant de parcourir à nouveau les feuillets des yeux.

Ensuite, c'est le post-scriptum qui attira son attention :

— Au fait, ce post-scriptum, dit-elle en me le montrant, il signifie quoi à ton avis ?

— Je ne sais pas. Rien de plus qu'une ressemblance fortuite.

— Mais pourquoi a-t-il pris la peine de l'ajouter si c'était sans conséquence ?

— Il a dû le citer comme une anecdote intéressante.

— Je ne peux pas le croire, dit-elle en secouant la tête. D'ailleurs, tu ne trouves pas bizarre qu'il y ait eu un tel témoignage ?

— Comment ça ?

— Enfin, commença-t-elle avant de passer sa langue sur ses lèvres. C'était son habitude quand elle réfléchissait. Et elle continua après avoir apparemment rassemblé ses idées : Tu ne trouves pas bizarre qu'un témoin se donne la peine d'alerter la police pour avoir aperçu le jour de l'incendie l'une des personnes concernées ? L'endroit où elle se trouvait à ce moment-là devrait n'avoir aucune importance. Si on l'avait soupçonnée d'avoir provoqué l'incendie, ce serait important en tant qu'alibi, mais il n'en est pas question dans cette lettre.

C'était bizarre en effet. Je relus le post-scriptum. Sayaka avait tout à fait raison.

— Cela ne veut rien dire, avançai-je prudemment. Parce qu'à la moindre affaire, il y a toujours des gens qui se précipitent à la police pour témoigner de faits sans importance. Ce témoin est peut-être quelqu'un de ce genre. Et le fait que l'inspecteur l'ait écrit dans son post-scriptum n'a sans doute pas de signification particulière.

— Tu crois ?

— Je ne vois rien d'autre.

Elle se tourna vers la fenêtre en mordillant son pouce. Elle resta ainsi au moins trente secondes.

— Le zoo…, murmura-t-elle.

— Quoi ? Qu'est-ce que tu dis ?

Elle me regarda.

— C'est cette histoire de zoo qui me tracasse. Aller au zoo le jour de l'incendie. Incendie et zoo… Elle prit son visage entre ses mains et fixa un point dans l'espace avant de continuer : Ce n'est pas sans rapport. Ces deux choses sont liées. C'est l'impression que j'ai.

J'esquissai un sourire en posant ma main sur son épaule.

— Tu dois être fatiguée. Du coup le moindre détail prend des proportions démesurées. Tu essaies de trouver un sens à des choses qui n'en ont pas.

— Non. J'ai vraiment l'impression d'être sur le point de me souvenir de quelque chose…

Elle répéta le mot "zoo" plusieurs fois comme une formule magique. Comme une incantation ayant le pouvoir de lui rendre la mémoire.

— Si nous allions manger ? Cela nous changerait les idées.

— Excuse-moi, mais est-ce que tu peux te taire un peu ? dit-elle d'un ton soudain cassant.

La surprise me fit lâcher l'enveloppe que j'avais entre les mains. Ce bruit attira son attention. Elle eut un sourire triste, comme si elle avait honte du ton sur lequel elle venait de me parler.

— Excuse-moi.

— Ce n'est pas grave, ne t'en fais pas.

— Merci, me répondit-elle. Tu as raison. Il vaut peut-être mieux qu'on se change les idées. Tu nous as acheté quelque chose ?

— Oh, pas grand-chose.

Je lui montrai le sac de la supérette.

— Alors allons-y.

— Oui.

Sayaka sortit, et je m'assurai qu'elle descendait bien l'escalier avant de m'approcher de la penderie dans le coin de la chambre. J'ouvris le tiroir du bas et y pris la Bible qui se trouvait à l'intérieur.

Je m'étais souvenu de quelque chose en l'entendant parler du zoo. La veille, quand j'avais examiné cette Bible, j'y avais trouvé des tickets d'entrée pour le parc zoologique. Je n'y avais pas beaucoup prêté attention sur le moment et n'avais pas vérifié la date.

Les tickets se trouvaient à peu près au milieu de la Bible. Ils avaient été utilisés et faisaient environ trois centimètres de long. Il y en avait deux, une entrée pour un adulte, l'autre pour un enfant.

Et la date…

Aucun doute. C'était difficile à déchiffrer vu l'état des tickets, mais il s'agissait bien d'un 11 février. L'année aussi semblait correspondre.

Je ne pouvais pas croire à une simple coïncidence. Le témoin de l'inspecteur Ogura avait dit la vérité. La grand-mère Mikuriya était allée au zoo le jour de l'incendie.

Et elle n'y était pas allée seule.

Dans le post-scriptum également, il était précisé qu'elle n'était pas seule. Le ticket pour l'adulte était celui de la grand-mère. Mais celui de l'enfant ? Il était inutile de préciser qu'il ne s'agissait pas de Yusuke. Un frisson me parcourut tout entier. Mes doigts se raidirent et les tickets faillirent s'échapper de mes mains.

Je les remis dans la Bible, refermai le tiroir, avec difficulté tellement je tremblais.

Il y eut un bruit derrière moi. Je suspendis ma respiration avant de me retourner. Sayaka me regardait d'un air suspicieux.

— Qu'est-ce que tu fais ?

— Rien, lui répondis-je en me redressant, j'examinais le tiroir. Il n'y a qu'une vieille Bible dedans.

Tout en parlant, je me demandais s'il fallait que je l'empêche de regarder, au cas où elle le voudrait. Je ne savais pas et je sentis la sueur couler sous mes aisselles.

— C'est pas étonnant, puisqu'ils ont l'air d'être chrétiens, me dit-elle alors.

— C'est vrai.

— Allons en bas.

— Oui.

En sortant de la chambre derrière elle, je poussai un discret soupir de soulagement.

7

— Si on réfléchit bien, tu n'es peut-être pas un cas à part ? dis-je en mordant dans l'une des boulettes de riz de la supérette. La plupart des gens oublient complètement leur enfance. Encore plus quand elle remonte à la période d'avant l'école primaire.

— Et alors ? répondit Sayaka en me regardant.

J'avalai mon riz avec une gorgée de thé en canette.

— Je propose de nous en tenir là. Je crois que nous n'avons pas le droit d'enquêter plus avant sur la famille Mikuriya. Dans la mesure où l'affaire a été enterrée.

Ma réponse avait sans doute fait son petit effet. Sayaka sembla prise au dépourvu.

— Et parce qu'ici c'est une tombe ?

— Oui. Parce que c'est une tombe.

Elle croisa les bras, s'adossa au sofa. Et me regarda fixement.

— Dis donc, il y a quelque chose de bizarre chez toi, remarqua-t-elle d'un air dubitatif.

Je redressai la tête.

— Bizarre ? Qu'est-ce que j'ai de bizarre ?

— Comment dire, tu es brusquement devenu passif. Tout à l'heure encore tu étais pourtant plein d'enthousiasme avec tes déductions… Que s'est-il passé ?

— Rien. Puisque nous avons résolu l'énigme, j'ai juste proposé de nous en tenir là. Et, comme je viens de te le dire, nous n'avons pas le droit de violer la tombe des Mikuriya.

— C'est vraiment tout ?

— Oui, c'est tout. Que voudrais-tu qu'il y ait d'autre ? répondis-je en la regardant droit dans les yeux.

Après quelques secondes de silence, elle détourna le regard.

— Je ne crois pas que toute l'énigme soit résolue.

— Ah ? Je pense pourtant que nous avons pratiquement tout découvert de la tragédie des Mikuriya. Comment Keichiro le père a abandonné son fils aîné Masakazu, comment il a éduqué son petit-fils Yusuke comme son propre fils, comment la déformation du cœur de Masakazu a rejailli après la mort de Keichiro en comportement violent envers Yusuke, et comment pour échapper à cette souffrance Yusuke a imaginé un double suicide. Nous savons tout cela maintenant. Que veux-tu savoir de plus ?

— Il manque quelque chose.

— Tu réfléchis trop.

— Mais non. Elle se leva du sofa pour marcher un peu, les yeux au ciel. Lorsqu'elle s'arrêta, elle se trouvait devant le piano : Dans l'histoire que tu viens de raconter, je ne suis pas présente.

— C'est normal, répondis-je en feignant le calme. A la base, tu n'es pas concernée. Tu n'as rien à voir avec les violences exercées contre Yusuke et l'incendie de la maison.

— Tu crois ?

— Bien sûr que oui. Qu'est-ce que tu veux dire à la fin ?

Elle s'assit sur le tabouret du piano. Puis elle inspira profondément :

— J'ai l'impression de l'avoir vue.

— Quoi donc ?

Après une hésitation, elle reprit :

— La maison... incendiée.

Je déglutis.

— Incendiée, la maison des Mikuriya ?

— Je ne sais pas, mais je crois que oui. Il y avait de la fumée, des gens, et derrière eux des ruines toutes noires… Elle fermait presque les yeux. J'étais avec quelqu'un.

— Avec madame Otai, c'est-à-dire avec ta mère, sans doute. Si tu t'es trouvée sur les lieux de l'incendie de la maison des Mikuriya…

Elle rouvrit les yeux et inspira une nouvelle fois profondément. Sa poitrine se souleva avec ampleur avant de redescendre.

Soudain, son regard devint fixe. Il s'arrêta sur la table devant moi.

— Tu regardes quoi ? demandai-je, mes yeux allant de son visage à la table.

Elle revint vers moi et prit sur la table une boulette de riz entourée d'une feuille d'algue. Elle la tenait comme un trésor entre ses mains et, le regard perdu au loin, semblait vouloir l'offrir.

— Holà…, appelai-je, mais je n'obtins pas de réponse.

Elle s'était agenouillée et murmurait quelque chose entre ses dents. Je tendis l'oreille.

— Il ne faut pas leur donner à manger. Tu vas te faire gronder. Il ne faut pas leur donner à manger.

Je la secouai.

— Ressaisis-toi. Qu'est-ce qui te prend ?

Elle regarda de mon côté. Ses yeux débordaient de colère d'avoir été interrompue dans sa réflexion.

— S'il te plaît, laisse-moi tranquille, dit-elle en se contenant.

— Je ne peux pas te laisser comme ça. Dis-moi à quoi tu penses.

— Je voudrais être seule. Laisse-moi dix minutes, ou même cinq, ce sera suffisant.

Une brusque impatience s'empara de moi. Mais je n'avais aucune idée de la manière de sortir de cette situation.

— Bon, je serai dans la pièce à côté. Si tu as besoin, tu m'appelles ?

Elle hocha la tête en silence.

Le cœur lourd, je passai dans la pièce traditionnelle. Je me laissai tomber, assis en tailleur sur les tatamis pleins de poussière, les bras croisés.

Il ne faut pas leur donner à manger…

Il était clair que Sayaka était en train de retrouver la mémoire. Je ne savais pas si je devais la laisser seule. J'aurais voulu l'emmener au plus vite. Mais était-ce le meilleur chemin pour elle ?

Elle m'avait trouvé passif. Etait-elle trop sensible pour accepter sans broncher un jeu aussi malhabile ? Elle avait raison, j'étais devenu passif. J'avais peur.

Je vis à ma montre qu'il s'était écoulé huit minutes depuis que j'étais arrivé dans la pièce. J'allai voir au salon sur la pointe des pieds. Elle n'y était pas.

— Sayaka ! me surpris-je à crier en me précipitant vers l'escalier. Je le montai en courant, me dirigeai tout droit vers la chambre des parents et la trouvai agenouillée devant le tiroir du bas de la penderie.

Elle se tourna vers moi comme dans une vidéo au ralenti. Je vis dans sa main les tickets d'entrée au zoo qui auraient dû se trouver entre les pages de la Bible.

— Sayaka…, criai-je à nouveau.

Ses lèvres bougèrent. Il y eut d'abord un bruit de respiration avant que sorte sa voix enrouée :

— Pourquoi ? La grand-mère Mikuriya est bien allée au zoo le jour où la maison a brûlé. Mais pourquoi ?

— Comment ça, pourquoi ?
— Pourquoi j'étais avec elle ? Au zoo ?
— Toi ? Ça m'étonnerait.

Je voulus rire mais n'y parvins pas. Mon visage se déforma en une grimace.

Scrutant mon visage, elle secoua la tête.

— J'y suis allée, je te dis. Cela m'est revenu. Il y a très longtemps, j'étais toute petite. Je ne me souviens pas du visage de la dame qui me tenait par la main, mais elle portait un kimono. Ce n'était pas ma mère, elle n'en portait jamais.

— Tu divagues. Tu dois confondre.

— Alors c'est quoi, ça ? Elle me montrait les tickets. Ils sont datés du 11 février, il n'y a pas d'erreur, c'est bien le jour de l'incendie, non ? Un adulte et un enfant. Et, dans la lettre de tout à l'heure, il y avait bien un témoin qui a vu madame Mikuriya au zoo, n'est-ce pas ?

Je restai coi. Il me fallait réfléchir à une bonne explication. Mais j'étais trop impatient pour cela.

— Madame Mikuriya est allée au zoo. Mais avec qui ? Cet enfant, c'est qui ? C'est pas moi ?

Je baissai la tête. A ce moment précis un courant d'air s'engouffra et la porte se ferma en claquant.

— Tu le savais, n'est-ce pas ? Que la dame et moi nous étions allées au zoo. Mais tu as essayé de me le cacher. Pourquoi ?

— Je ne vois pas de quoi tu parles.

— N'essaie pas de me duper, fit-elle d'une voix basse mais acérée. Tout à l'heure, tu ne me les as pas montrés, dit-elle en tendant la main qui tenait les moitiés de ticket. Je me suis rendu compte que

tu me les cachais. Je me suis dit que je les regarderais après et j'ai fait semblant de ne rien remarquer.
— Calme-toi. Tu es un peu confuse.
— Pas qu'un peu, je suis en pleine confusion. Mais…, dit-elle en regardant les moitiés de ticket dans sa main, peut-être que je viens de retrouver la mémoire. De tout.
— Comment ça ? demandai-je.
Elle releva lentement la tête.
— Plusieurs scènes me sont revenues, un peu comme dans la bande-annonce d'un film. Mais je ne sais pas trop si ces choses se sont vraiment passées autrefois. A vrai dire, je n'ai pas envie de penser qu'elles ont vraiment eu lieu. Quand même, tout ça… Elle serra les lèvres, ses paupières battirent deux ou trois fois, et continua : Parce que ce sont des choses terribles.
— Sayaka…, commençai-je en m'agenouillant et prenant sa main, ce sont des hallucinations. C'est ce que tu penses parce que tu es fatiguée. Alors arrêtons-nous là pour aujourd'hui et rentrons à Tokyo…
Elle m'interrompit :
— Il y a quelque chose que tu dois me dire.
— Quoi donc ?
— Je veux que tu me répondes franchement. Ne me mens pas, s'il te plaît.
J'hésitai un instant avant de répondre :
— D'accord.
Elle me regarda droit dans les yeux :
— La croix, au sous-sol.
— … Oui ?
— A côté c'était écrit "repose en paix" mais, juste au-dessus, j'ai eu l'impression que c'était gratté.

Comme si quelqu'un avait voulu effacer quelque chose.

Je voulus déglutir, mais ma bouche était complètement sèche.

— C'est toi qui l'as fait, n'est-ce pas ?

— Non.

— Je t'ai demandé de me répondre franchement, lança-t-elle en me fixant de ses yeux rougis. Il y avait de la poussière de ciment au bout de la lampe. Tu l'as utilisée pour gratter les caractères sur le mur, n'est-ce pas ?

Je ne répondis pas. Elle continua :

— Je ne te demande pas pourquoi tu as fait ça. Je veux seulement que tu me répondes. Qu'y avait-il d'écrit ?

Comme je gardais le silence, elle soupira légèrement.

— Bon, je reformule ma question. C'était bien le nom de quelqu'un qui était gravé ?

Je voulus répondre non. Mais quelque chose au fond de mon cœur m'en empêcha. Quelque chose qui me disait qu'il n'était plus possible de le cacher.

— Ce nom..., dit-elle tranquillement, Sa... ya... ka... n'est-ce pas ? C'était bien écrit Sayaka, n'est-ce pas ?

Je sentis mon cœur soulevé par une déferlante qui se retira aussitôt, me laissant sans réaction.

Je remuai les lèvres, mais aucun son ne sortit de ma bouche. Je n'arrivais pas à parler. Mais cela suffit à Sayaka.

— C'était bien ça. Des larmes se mirent à couler de ses yeux. Elle était là, debout, sans chercher à les essuyer : C'est bizarre, hein, dit-elle. "Sayaka, repose en paix." Ça veut dire que la petite fille qui s'appelait Sayaka Kurahashi est morte ? Dans ce cas, qui suis-je ? Moi qui croyais que j'étais Sayaka, celle qu'au lycée tu appelais Sayaka, qui était-ce ?

Elle se tenait debout le dos à la fenêtre. Dehors il y avait plein de lumière, mais la chambre était plongée dans la pénombre. Sa silhouette se découpait à contre-jour.

— Dans ce zoo, tu sais, j'ai voulu donner une boulette de riz aux éléphants. Alors la dame qui m'accompagnait m'a dit : Il ne faut pas leur donner à manger, tu vas te faire gronder, ma petite Hisami.

— Hisami…

— Ce nom s'écrit peut-être avec les caractères "éternel" et "beauté". Mais je ne m'en souviens pas. En plus cette dame était la seule à m'appeler Hisami, les autres m'appelaient par mon surnom. C'était Chami, mon surnom.

8

J'avais déjà remarqué une incohérence lorsque nous avions découvert que celui que Yusuke appelait l'autre dans son journal n'était pas son frère mais son père, Masakazu Mikuriya.

Elle se situait dans les lettres que son grand-père avait adressées à monsieur Nakano. On y trouvait ce passage :

"Mais je suis surpris que vous soyez au courant de la naissance imminente de mon deuxième enfant. Je considérais qu'il était trop tôt pour s'en réjouir, c'est pourquoi je ne vous l'ai pas dit. Je vous prie de me pardonner. Et, comme le premier est un garçon, maintenant cela m'est égal que ce soit un garçon ou une fille."

En lisant ce passage, je croyais que Masakazu Mikuriya était le frère de Yusuke. C'est pourquoi j'avais pensé que ce deuxième enfant était Yusuke.

Mais, si Masakazu Mikuriya était le véritable père de Yusuke, la lettre prenait un sens complètement différent. Yusuke était le premier enfant, un deuxième était à venir. Comme la mère de Yusuke était morte peu après sa naissance, au moment de la lettre, c'était la seconde femme de Masakazu Mikuriya qui était enceinte.

Qu'était devenu ce deuxième enfant ? S'il était né comme prévu, Yusuke aurait dû en parler dans son journal.

Ce détail me tracassait.

Mais il était possible également de l'interpréter ainsi : d'après une autre lettre, Masakazu Mikuriya avait à nouveau divorcé peu de temps après. Sa seconde femme était partie lorsqu'il avait été licencié de l'école pour dette de jeu. Il était raisonnable de croire qu'à ce moment-là, elle avait emmené son enfant.

Mais quelque chose n'allait pas. Monsieur Mikuriya, qui était profondément attaché à Yusuke, aurait dû vouloir éduquer de la même manière le deuxième enfant de son fils. Ou au moins ne pas accepter que la seconde femme de son fils s'en aille avec l'enfant.

Cependant, je n'avais pas parlé de mes doutes à Sayaka. Je ne parvenais pas à m'expliquer pourquoi. Une alarme intérieure me disait qu'il était dangereux de poursuivre mes investigations à ce sujet.

Cette alarme s'était précisée lorsque j'avais découvert l'inscription au sous-sol. Sayaka avait raison. Il y avait bien écrit ceci :

"Sayaka, repose en paix. 11 février."

Il était impensable qu'il s'agisse d'une coïncidence et qu'il y ait une autre petite fille du même nom. Il s'agissait bien de la petite Sayaka du journal de Yusuke.

Inutile de dire que j'avais été pris de panique.

Yusuke et Masakazu Mikuriya n'étaient pas les seuls à avoir péri dans cet incendie. La fille de madame Otai, la petite Sayaka, était morte elle aussi. Peut-être s'amusait-elle au sous-sol où elle aurait été surprise par les flammes ?

En tout cas, cette maison était non seulement la tombe de Yusuke, mais aussi celle de la petite Sayaka.

Mais, dès lors, l'existence de la jeune femme du nom de Sayaka qui se trouvait à présent devant moi devenait problématique.

Qui était-elle ? Impossible de croire qu'elle était sans lien avec les Mikuriya. Parce qu'elle avait des souvenirs de la famille Mikuriya, même fragmentaires.

C'est à ce moment-là que l'existence du deuxième enfant de Masakazu Mikuriya, dont on ne savait pas ce qu'il était devenu, m'avait traversé l'esprit. Ne pouvait-on pas imaginer que cet enfant était Sayaka... ou plutôt celle que j'appelais Sayaka ?

J'avais essayé de me rappeler le journal de Yusuke. Un deuxième enfant ne faisait-il pas son apparition quelque part ? N'y avait-il pas des passages faisant allusion à son existence ?

C'est alors que le nom de Chami m'était revenu à la mémoire. Avec plusieurs anecdotes que le jeune Yusuke avait racontées dans son journal.

"L'autre s'est ramené avec ses affaires dans un gros camion. (…) Je veux pas d'un type pareil à la maison. Mais Chami est mignonne, alors je suis content de pouvoir vivre avec elle. Ça aurait été bien que Chami vienne seule."

"J'ai joué à la balle avec Chami avec une boule en papier. Elle était nulle au début, mais maintenant elle arrive à bien la rattraper."

"Le soir madame Otai est venue avec une petite fille. Elle a dit qu'elle voulait lui faire rencontrer Chami. J'ai amené Chami. L'enfant de madame Otai a dit très correctement : Bonjour, je m'appelle Sayaka. Elle avait une jolie voix."

Nulle part il n'était écrit que Chami était un chat. C'est ce que nous avions pensé d'une manière arbitraire.

J'en étais là de mes réflexions lorsque j'avais utilisé l'angle de la lampe torche pour gratter les caractères sur le mur. Une supposition était en train de prendre forme malgré moi. J'avais décidé de ne plus réfléchir à la question. Et je n'avais eu de cesse que je n'emmène au plus vite Sayaka hors de cette maison.

Mais elle n'avait rien voulu savoir, elle avait ouvert le petit coffre-fort et nous avions découvert quelque chose de décisif. La lettre de l'inspecteur Ogura.

Après avoir lu cette lettre et trouvé les tickets d'entrée au zoo, j'avais à peu près compris ce qui s'était passé autrefois chez les Mikuriya et en quoi cela concernait Sayaka.

Les moitiés de ticket prouvaient que madame Mikuriya était bien allée au zoo. Mais l'inspecteur Ogura avait écrit que c'était "impossible compte tenu de l'heure". Pourquoi ? Etait-ce en contradiction avec la déclaration de madame Mikuriya qui disait être allée faire des courses ? Non, car dans ce cas il aurait émis un doute quant à cette déclaration. Il devait y avoir une autre raison pour que l'inspecteur ait écrit que c'était "impossible".

J'ai pensé que le problème ne concernait peut-être pas madame Mikuriya, mais l'enfant qui l'accompagnait. L'important était que cet enfant soit allé au zoo ce jour-là.

Je m'étais d'abord demandé si cet enfant n'était pas le deuxième de Masakazu Mikuriya. Elle l'aurait emmené au zoo.

Ensuite, je m'étais rappelé qu'une petite fille était morte au sous-sol. C'était "la fille de madame Otai, la petite Sayaka".

Il n'y avait pas de contradiction entre ces deux faits, mais si la police avait considéré que le corps retrouvé après l'incendie n'était pas celui de la petite Sayaka, mais celui du deuxième enfant de Masakazu Mikuriya, il devenait alors "impossible" d'avoir vu cette enfant au zoo.

Bien sûr la police ne se trompe pas aussi facilement sur l'identification des cadavres. Il devait y avoir des circonstances qui expliquaient cette erreur.

Bref, madame Mikuriya avait dû aller identifier le corps. Elle avait dû confirmer qu'il s'agissait bien de celui de sa petite-fille.

On avait déclaré morte Chami Mikuriya et vivante Sayaka Kurahashi.

Chami avait été confiée aux Kurahashi. Qui avaient déménagé pour que cela ne soit pas révélé. Et le couple avait décidé d'élever Chami comme si elle était Sayaka. Que leur fille semble avoir perdu la mémoire avait été une chance pour eux.

Pourquoi une telle substitution avait-elle eu lieu ? On ne pouvait qu'avancer des conjectures. Selon moi, madame Mikuriya avait peut-être pensé que ce serait probablement le mieux pour Chami. La mort de son frère et de son père contraints au double suicide du fait de violences familiales n'augurait rien de bon pour l'avenir de la petite fille. De plus, son père avait été stigmatisé par la société.

Et les Kurahashi qui venaient de perdre leur fille n'avaient pas vu d'objection à élever comme leur propre enfant celle de leur bienfaiteur. Simplement, leur arrivait-il de penser que leur fille avait été tuée par la famille Mikuriya ? Cette question dépassait les limites de mon imagination.

9

— Je t'avais bien dit que je me rappelais avoir joué ici, n'est-ce pas ? Et qu'il me semblait que c'était avec une petite fille. C'était Sayaka. La vraie, dit avec un rire léger la femme dont le surnom était Chami et le nom sans doute Hisami Mikuriya.

— Je ne voulais pas te faire souffrir. C'est pourquoi je n'ai pas pu te dire ce que je pensais.

— Oui, je sais.

— Et puis on ne peut rien affirmer sans preuve.

— Oui, tu as raison.

Elle s'approcha du rocking-chair et poussa le dossier. Il oscilla plusieurs fois comme un pendule avant de s'arrêter.

— Je me demande si... Elle s'arrêta là.

— Oui ?

Elle me regardait.

— Je me demande si ma mère m'a aimée. Peut-être que non, après tout. Bien sûr elle faisait semblant, mais sans doute qu'elle n'a jamais réussi à m'aimer vraiment.

— Qu'est-ce qui te fait croire ça ?

— Eh bien, chaque fois qu'elle me voyait, je devais lui rappeler la vraie Sayaka. Et elle a dû en souffrir toute sa vie.

Je la regardai sans rien dire. Ses yeux papillonnaient d'angoisse. Quelque chose qui s'était déposé au fond de sa conscience semblait osciller dans le silence.

— Et aussi..., continua-t-elle, parce que je n'étais pas affectueuse.

— Mais si.

— Non..., dit-elle en secouant la tête, je n'étais pas affectueuse. Tu as bien vu l'album. J'étais une enfant qui ne souriait jamais.

— Soudain tu te retrouves confiée à une autre famille, et tu changes même de nom. C'était inévitable.

— Mais ce n'est pas tout. J'étais toujours effrayée. Il me semble que j'étais sans arrêt sur le qui-vive. Je ne dis pas que je n'ai pas été aimée, mais plutôt que je n'ai rien fait de mon côté pour être aimée. Alors ma mère ne devait pas savoir comment me prendre.

Elle tenait son visage entre ses mains. Le bord de ses yeux était devenu rouge.

Je cherchai des mots pour la réconforter, mais n'en trouvai pas. Impuissant, je fixais un coin de la pièce plongé dans la pénombre. J'avais l'impression que de vieux souvenirs y stagnaient dans la poussière.

Elle poussa un long soupir.

— Excuse-moi. J'arrête.

— Il n'y a pas de réponse à ça.

— Peut-être que non, dit-elle. Pourtant, ajouta-t-elle en penchant la tête, je me demande ce qui m'effrayait tant…

— Rentrons, proposai-je en posant ma main sur son épaule. Viens, rentrons.

Elle releva plusieurs fois ses cheveux avant de regarder autour d'elle dans la pièce.

— Tu as raison, rentrons.

Je m'approchai de la fenêtre pour la fermer de l'intérieur. La pièce fut aussitôt plongée dans le noir. Elle alluma vite la lampe torche.

— Je me demande ce que va devenir cette maison.

— Eh bien… Peut-être que ça dépend de toi.

Elle acquiesça doucement.

Après avoir tout refermé, nous descendîmes au sous-sol. Je voulais sortir tout de suite, mais elle s'arrêta.

— C'est ici qu'elle est morte, n'est-ce pas, la petite Sayaka, souffla-t-elle d'une voix sombre.

— Ici, c'est une réplique, tu te souviens.

— Elle aimait peut-être se cacher ici ?

— Qu'est-ce qui te fait croire ça ?

— Je t'en ai parlé, n'est-ce pas ? Des souvenirs que mes parents me racontaient. Vers l'âge de cinq ans, j'avais disparu et mes parents qui me cherchaient partout m'ont retrouvée endormie dans le débarras de la maison.

— Aah...

— Le débarras devait se trouver ici, certainement. Et ces souvenirs ne me concernaient pas, c'étaient ceux de la petite Sayaka.

— Mais tu es Sayaka, tu sais, ai-je dit tout naturellement.

Elle me regarda. La lumière de la lampe se reflétait dans ses yeux.

— Tu crois ?

— Oui. En tout cas, pour moi, tu n'es personne d'autre que Sayaka.

— Merci.

Je détournai d'abord les yeux avant de la regarder à nouveau. Elle me regardait elle aussi.

Je tendis la main vers son épaule. Je l'attirai vers moi et, sans m'opposer de résistance elle se laissa faire.

Je l'embrassai sur la bouche. Puis je la serrai dans mes bras. Depuis combien d'années n'avais-je plus ressenti cette douceur et cette chaleur ?

Nos lèvres se détachèrent. Je fixai ses yeux. Ses paupières s'ouvrirent lentement, comme si elle avait senti le poids de mon regard. Nous nous contemplâmes dans l'obscurité.

L'instant suivant, ses yeux s'écarquillèrent, comme sous l'effet de l'étonnement. Je n'eus pas le temps de lui demander ce qui se passait : elle s'était écartée de moi. Si brusquement qu'elle me donna l'impression de bondir en arrière.

Les mains devant sa bouche, elle me regardait avec effarement. Je vis qu'elle tremblait.

— Que se passe-t-il ? lui demandai-je enfin.

Mais elle ne me répondit pas. Elle secoua violemment la tête, fit brusquement demi-tour et monta l'escalier en courant. Elle perdit en route une chaussure qui dévala les marches mais elle ne s'arrêta pas.

Je ramassai la chaussure et la suivis.

A l'étage, la porte de la chambre de Yusuke était entrouverte, et des sanglots me parvenaient. Du couloir, je la vis agenouillée sur le sol, en pleurs, la tête plongée dans le lit de Yusuke.

Je posai la main sur la poignée. Elle m'entendit et m'intima l'ordre de ne pas entrer.

Je lâchai la poignée et restai là un long moment, indécis.

Elle redressa la tête, mais ne se tourna pas vers moi. Elle regardait le mur où était accroché le poster de locomotive.

— Là-bas…, dit-elle dans un filet de voix, il m'a…

— Hein ? J'ai froncé les sourcils. Où ça, là-bas ?

— Dans cette pièce, enfin. Celle avec le vase noir et les rideaux verts. Là-bas, moi, il m'a… Elle secoua la tête avec énervement. Je t'en prie, éteins cette lampe.

Je m'empressai de lui obéir. Une parfaite obscurité nous enveloppa.

— Il m'avait… déshabillée.

Je sentis une douleur me vriller le cœur. J'avançai d'un pas, un seul, dans l'obscurité.

— Et il me serrait fort dans ses bras pour m'empêcher de lui échapper. Sur le lit là-bas. Lui. Cet homme qui sentait toujours l'alcool, dit-elle d'une voix mêlée de sanglots. Je lui ai demandé d'arrêter. Plein de fois. Mais il a continué : Tu es ma seule alliée, alors tu ne vas pas me détester, pas vrai, tu ne vas pas me traiter d'idiot comme les autres, il disait ça et mon corps...

Silence pénible. Elle continua :

— ... il le léchait partout, tu sais.

Je fis un pas de plus et m'arrêtai. J'avais l'impression d'entendre sa voix flotter autour de moi. Mes oreilles bourdonnaient légèrement.

— Cela se répétait tous les soirs. J'avais toujours peur dès que la nuit tombait.

— Tu n'en as jamais parlé à personne ? lui demandai-je.

— Je ne pouvais pas, me répondit-elle. Et maintenant je n'arrive pas à m'expliquer pourquoi. Peut-être parce que j'avais trop peur ? J'avais peur de m'opposer à lui. J'avais peur qu'il soit encore plus méchant avec moi.

Je me dis que c'était possible. La majorité des enfants maltraités souffrent dans la solitude et sont incapables de se confier à quiconque.

Sayaka, non, Hisami était pour Masakazu la seule existence sur laquelle ne pesait pas l'ombre du père sévère qu'était Keichiro Mikuriya. Peut-être que, rejeté par son propre fils, Masakazu Mikuriya éprouvait un violent sentiment d'humiliation et de solitude, et que, par réaction, il s'était attaché d'une manière anormale à sa fille.

"Avec ce que j'ai vu hier, je n'ai pas pu me concentrer de la journée. C'est vraiment un sentiment très désagréable. Est-ce que cette nuit il va recommencer ? Peut-être que c'était comme ça jusqu'à maintenant. (...) Si c'est le cas, c'est vraiment horrible. C'est dégoûtant. Aujourd'hui, en rentrant de l'école, je l'ai vu dans le jardin, mais je me suis enfui. Je sais pas comment je vais faire à partir de demain."

Il n'était pas difficile d'imaginer qui Yusuke avait vu. C'était sans doute Chami, c'est-à-dire la Sayaka d'aujourd'hui.

— Il ne faut plus y penser. C'est de l'histoire ancienne.

Après avoir dit ça, je me fis la réflexion que c'était vraiment banal comme réplique.

Je sentis qu'elle bougeait dans l'obscurité.

— Je me rappelle ce qui s'est passé ce jour-là.

— Ce jour-là ?

— Le jour de l'incendie. Grand frère Yu… Elle a soupiré avant de continuer : Oui, je l'appelais grand frère Yu. Et lui m'appelait Chami. Alors, cette nuit-là, grand frère Yu m'a dit : Chami, tu dois détester ce type ? J'ai tout de suite répondu oui. Et tu sais ce qu'il m'a dit ensuite ? Si tu veux je peux le tuer.

Je laissai échapper une exclamation. Dans l'obscurité, cela fit plus de bruit que je ne l'aurais cru.

— Ça veut dire quoi, tuer ? C'est ce que je lui ai demandé. Grand frère Yu m'a expliqué que ça voulait dire faire disparaître. Il m'a dit que lui pouvait quitter la maison, mais que pour moi ce n'était pas si simple, il fallait que je reste encore un peu ici. Et il m'a demandé si je pourrais continuer à vivre ici avec cet homme qui me faisait des choses horribles.

— Et qu'est-ce que tu lui as répondu ?

— Tue-le… C'est ce que je lui ai répondu, me dit-elle sur un ton à donner le frisson.

Incapable de parler, je gardai le silence.

— Grand frère Yu m'a dit qu'il savait comment le tuer. Et il m'a dit qu'il fallait que je demande à maman de m'emmener au zoo. Il s'en occuperait pendant ce temps-là.

— Il ne pensait donc pas à un double suicide ?
— Sans doute que non. Il avait l'intention de le tuer pour moi. Et le feu s'est propagé à toute la maison... Grand frère Yu est mort surpris par les flammes. Il est mort à cause de moi.

Elle se remit à pleurer encore plus fort qu'avant.

Une force invisible me paralysait. J'étais incapable du moindre mouvement.

C'était ce qui avait dû sceller sa mémoire.

Sans doute qu'à l'instant où elle avait appris la mort de son frère aîné, elle avait perdu connaissance.

— Sayaka... Je réussis enfin à avancer d'un pas.
— Ne viens pas, cria-t-elle entre deux sanglots. Et puis d'abord je ne suis pas Sayaka...

Il n'y avait pas de mot que j'aurais pu lui dire. J'étais pétrifié. Complètement désorienté, je ne pouvais rien faire d'autre que l'écouter pleurer.

Je ne sais pas combien de temps cela a duré, mais bientôt j'eus l'impression qu'elle se calmait un peu.

— Excuse-moi mais..., commença-t-elle d'une voix apaisée, rentre devant, s'il te plaît.
— Mais...
— Je t'en prie. Laisse-moi.

Je ne pouvais quand même pas la laisser ainsi. Bien sûr, elle pourrait rentrer par ses propres moyens, mais j'étais inquiet pour autre chose.

Juste à ce moment-là, comme si elle avait lu dans mes pensées, elle ajouta :

— Ne t'inquiète pas, je ne mourrai pas.
— Non, c'est pas ça...
— Au revoir, dit-elle pour mettre un terme à ma présence en ce lieu.

A bout d'arguments, j'acquiesçai.

— D'accord. Bon, alors j'y vais.
— Je te demande pardon... Il fait noir, mais ne rallume pas la lampe avant d'avoir quitté la chambre.
— Oui.

Je sortis de la chambre et dans le noir je descendis l'escalier à tâtons. Je voulus continuer à descendre vers le sous-sol, mais j'entendis un léger bruit. Il provenait du salon.

Je traversai le couloir pour entrer dans le salon. Là, j'allumai la lampe torche.

L'air stagnait, tout était silencieux.

Je déplaçai le faisceau de la lampe. Le piano entra dans le cercle de lumière.

La partition que Sayaka avait regardée était tombée sur le sol. Je m'approchai en éclairant mes pieds, la ramassai pour la remettre en place.

C'est alors que je remarquai la poupée. Sous la lumière, ses yeux brillaient, pâles. Elle avait l'air de vouloir me raconter quelque chose.

Au moment où je quittai la maison, les rayons du soleil étaient tellement forts qu'ils me firent mal. Il me fallut un peu de temps pour ouvrir complètement les yeux.

Je sortis les affaires de Sayaka de la voiture et les déposai au pied de l'escalier du sous-sol.

Je montai dans la voiture et regardai la maison dans le rétroviseur. Rien n'avait changé depuis notre arrivée la veille. Je mis le contact.

Au moment où je démarrais, croyant entendre un faible son de piano, je donnai un coup de frein. Mais ensuite j'eus beau tendre l'oreille, je n'entendis rien.

J'appuyai à nouveau sur l'accélérateur.

ÉPILOGUE

De retour à Tokyo, je cherchai des renseignements au sujet de la famille Mikuriya. Je savais qu'un incendie s'était produit vingt-trois ans auparavant et, Mikuriya étant un nom assez rare, il me fut facile de trouver l'article dans les journaux de l'époque. "Une maison brûle entièrement à Yokohama, un père et ses deux enfants pris dans les flammes", mentionnait le titre écrit en petits caractères. Il s'agissait de Masakazu Mikuriya, Yusuke et Hisami.

L'adresse était indiquée. Je partis pour Yokohama.

Un petit immeuble se dressait à l'endroit où avait dû se trouver l'ancienne propriété des Mikuriya. Les terrains alentour étaient également occupés par des constructions manifestement récentes.

Je cherchai quelqu'un habitant là depuis longtemps qui pourrait me renseigner. Je trouvai un vieil homme qui se souvenait très bien de l'incendie.

— A la mort du chef de famille, son bon à rien de fils, un vrai paresseux celui-là, est revenu à la maison, et on s'est dit que c'était sans doute lui qui avait provoqué l'incendie en éteignant mal le feu. Si cet idiot avait été le seul à mourir, ça aurait pas été si mal, mais il y a quand même deux enfants qui ont péri dans l'incendie. La femme a dû être inconsolable, pas vrai ?

Après avoir dit cela, le vieil homme fit la grimace. Lui-même disait se souvenir vaguement du visage du jeune Yusuke, mais pas de celui de sa petite sœur. Il ne la voyait pas souvent, me dit-il. C'était sans doute justement pour cela que la substitution avec Sayaka Kurahashi avait été possible.

Le propriétaire de la maison – ou plutôt de la tombe – du lac de Matsubara était un parent éloigné des Mikuriya du nom d'Isogai. Cet homme d'affaires avait fait fortune dans les produits discount d'importation et possédait un réseau de magasins à bas prix dans tout le pays. Je pus lui parler dix minutes dans son bureau de Tokyo. Il me dit qu'il connaissait l'existence de la maison du lac de Matsubara mais qu'il ne l'avait jamais vue.

— A l'origine, ils avaient acheté ce terrain pour y construire une résidence secondaire. Mais, leur maison principale ayant brûlé, il n'en était plus question. Le terrain est resté à l'abandon pendant quelque temps, mais madame Mikuriya a fait un caprice, elle a voulu rebâtir une maison à l'identique de celle qui avait brûlé. A sa mort, j'en ai hérité, mais bon, il n'y a même pas l'eau ni l'électricité, alors pour l'instant je la laisse comme ça. On m'a donné le nom d'une personne à prévenir au cas où je voudrais m'en débarrasser.

Je demandai qui était cette personne : il s'agissait du père de Sayaka. Monsieur Isogai ne savait pas qu'il était décédé.

Mais, en fin de compte, qu'avait voulu faire madame Mikuriya de cette étrange maison ? Si monsieur Isogai avait voulu s'en débarrasser, il était fort probable que Sayaka aurait appris son existence. Avait-elle pensé à cette éventualité ?

J'avais l'impression que madame Mikuriya avait eu l'intention de tout dévoiler à Sayaka. N'était-ce pas justement pour cela qu'elle avait fait en sorte de conserver précieusement tous ces indices permettant de découvrir la vérité, à commencer par le journal de Yusuke ?

C'est bien grâce à l'existence de cette maison que Sayaka avait appris la vérité. Elle savait maintenant qui elle était. Que ce soit une bonne ou une mauvaise chose, c'était difficile à dire.

Que représentait cette maison pour elle, finalement ?

Pour moi, dans un passé lointain, elle était morte dans cette maison. D'une autre manière que la petite fille appelée Sayaka dont elle avait pris le nom, réellement morte, celle-là, dans l'incendie de la maison. Cet étrange voyage de deux jours seulement avait servi à lui faire découvrir son propre cadavre. De cette manière-là également, cette maison n'était rien d'autre qu'une tombe.

Après cet événement, il m'arriva souvent de me rappeler la maison de mon enfance. Cette vieille maison où j'avais vécu enfant avec mes parents adoptifs. La maison où l'on m'avait forcé à choisir entre ma vraie mère et mes parents d'adoption. La maison où j'avais été obligé de jouer jusqu'au bout le rôle de fils docile. La maison où j'ai appris que chacun est irrémédiablement seul.

Peut-être que moi aussi j'étais mort dans cette vieille maison ? Enfant j'étais mort là-bas, et mon cadavre avait attendu pendant tout ce temps que je vienne à sa rencontre. D'ailleurs, chacun n'a-t-il pas une maison où l'enfant qu'il était est mort autrefois ? On fait seulement semblant de ne pas voir qu'il s'y trouve encore parce qu'on ne tient pas à le rencontrer.

A la fin de cette année-là, je reçus une carte de Sayaka. C'étaient les premières nouvelles que je recevais d'elle depuis que je l'avais laissée dans cette maison.

Il y était écrit de façon extrêmement concise qu'elle avait divorcé et que sa fille vivait avec son ex-mari. Et à la fin elle avait ajouté ceci :

"Merci pour tout. Je pense continuer à vivre avec la conviction que je ne suis personne d'autre que moi-même."

Et le nom de l'expéditeur était Sayaka Kurahashi.

Je ne l'ai jamais revue depuis.

BABEL NOIR

Extrait du catalogue

42. ANDREW McGAHAN
    Australia Underground

43. FRANÇOIS WEERTS
    Les Sirènes d'Alexandrie

44. PETER MAY
    L'Eventreur de Pékin

45. LEIF DAVIDSEN
    La Chanteuse russe

46. CORNELIA READ
    Champs d'ombres

47. LEIF DAVIDSEN
    La Chanteuse russe

48. CARLOS SALEM
    Nager sans se mouiller

49. KJELL ERIKSSON
    La Princesse du Burundi

COÉDITION ACTES SUD – LEMÉAC

Achevé d'imprimer en mars 2013 par Normandie Roto Impression s.a.s. 61250 Lonrai sur papier fabriqué à partir de bois provenant de forêts gérées durablement (www.fsc.org) pour le compte d'ACTES SUD, Le Méjan, Place Nina-Berberova, 13200 Arles.
Dépôt légal 1re édition : novembre 2011.
N° d'impression : 131001
(Imprimé en France)